首阳教育书系

U0728727

大数据驱动下国际中文
智慧教育与课程建设研究

郝 静 著

陕西师范大学出版总社 西安

图书代号　JY25N0881SY

图书在版编目（CIP）数据

大数据驱动下国际中文智慧教育与课程建设研究 ／
郝静著 . -- 西安：陕西师范大学出版总社有限公司，
2025. 1. -- ISBN 978-7-5695-5569-1

Ⅰ. H195.3

中国国家版本馆 CIP 数据核字第 2025G6D329 号

大数据驱动下国际中文智慧教育与课程建设研究

DASHUJU QUDONG XIA GUOJI ZHONGWEN ZHIHUI JIAOYU YU KECHENG JIANSHE YANJIU

郝静　著

特约编辑	葛晓晨
责任编辑	赵南南
责任校对	王　越
封面设计	知更壹点
出版发行	陕西师范大学出版总社
	（西安市长安南路 199 号　邮编　710062）
网　　址	http://www.snupg.com
印　　刷	三河市南阳印刷有限公司
开　　本	710 mm×1000 mm　　1/16
印　　张	10
字　　数	200 千
版　　次	2025 年 6 月第 1 版
印　　次	2025 年 6 月第 1 次印刷
书　　号	ISBN 978-7-5695-5569-1
定　　价	60.00 元

读者使用时若发现印装质量问题，请与本社联系、调换。

电话：（029）85308697

作者简介

　　郝静，女，1989 年 1 月生，现为陕西师范大学教育学部汉语国际教育专业在读博士生，延安大学助理研究员，研究方向为国际中文教育、社会语言学。参与国家社科基金青年项目 1 项；参与陕西省哲学社会科学重大理论与现实问题研究项目 1 项、陕西省国际中文教育专项课题研究项目 1 项、陕西省哲学社会科学研究专项 1 项；主持延安市社会科学专项资金 2024 年度规划项目 1 项，主持并完成延安大学资政育人调研项目、延安大学继续教育教学改革研究项目共 6 项，指导延安大学大学生创新创业训练计划项目 1 项；公开发表论文 6 篇。

前　　言

在经济全球化程度日益加深的今天，国际中文教育作为连接不同文化和促进国际交流的重要桥梁，正面临着前所未有的发展机遇与挑战。随着大数据技术的飞速发展，教育领域正经历着深刻的变革，大数据驱动下的国际中文智慧教育成为推动教育创新、提升教学质量的关键力量。本书致力于探讨大数据技术在国际中文教育中的应用方法，特别是如何通过智慧化评估系统中的智能反馈与改进机制来优化课程建设，实现教学过程的个性化与差异化。本书希望通过深入研究智慧教育，为国际中文教育的未来发展提供理论支持和实践指导，助力教育机构构建更加高效、精准、个性化的智慧教育体系，进一步推动中华文化的有效传播。

全书共六章。第一章为国际中文教育的现状与面临的主要挑战，包括国际中文教育的现状、国际中文教育面临的主要挑战。第二章为大数据技术与智慧教育平台的构建，包括大数据技术在教育中的应用、智慧教育平台的设计原则、数据驱动的智慧教学资源管理。第三章为大数据技术在国际中文教育中的应用，包括大数据技术在国际中文教育中的角色与重要性、数据驱动下的国际中文教学资源优化、数据分析与个性化教学在国际中文教育中的应用。第四章为大数据驱动下国际中文智慧教育课程架构，包括课程设计原则、数据分析与课程优化、教学工具的集成。第五章为大数据驱动下国际中文智慧教育教学方法与实践，包括国际中文智慧教育教学方法的创新、教学实践案例、教学效果的评估与反馈。第六章为大数据驱动下国际中文教育的智慧化评估系统，包括智慧化评估系统的构建原则、评估指标体系设计、智能反馈与改进机制。

在撰写本书的过程中，笔者借鉴了大量学者的研究成果，在此表示衷心的感谢，并由衷希望这本书能帮助读者解决学习、生活及工作实践中的问题。

目　　录

第一章 国际中文教育的现状 与面临的主要挑战

本章主要介绍国际中文教育的现状与面临的主要挑战，包括国际中文教育的现状、国际中文教育面临的主要挑战等内容，旨在为后续的相关研究描绘一幅全面且清晰的国际中文教育画卷，并为相关研究人员探寻解决之道奠定坚实的基础。

第一节 国际中文教育的现状

一、全球中文学习者数量激增

随着中国经济的飞速发展和国际地位的显著提升，中文的重要性日益凸显。这不仅体现在经济、政治领域，更深刻地影响着全球教育体系。随着越来越多的国家和地区认识到学习中文的重要性，中文学习者数量在全球范围内爆炸式增长。

（一）中文被纳入国民教育体系

相关数据显示，截至 2024 年，全球已有 85 个国家将中文纳入国民教育体系[①]。这意味着在这些国家，中文教育已成为基础教育的重要组成部分，学生从小就有机会接触和学习中文。例如，泰国、印度尼西亚、俄罗斯等国家纷纷在中小学阶段开设中文课程，甚至将中文作为升学考试科目之一。这种政策层面的行动，为中文教育的普及奠定了坚实的基础。

---

① 李宝贵，李慧. 孔子学院建设 20 年：进展、成效与前瞻 [J]. 国际中文教育（中英文），2024，9（4）：3-17.

（二）国外中文学习热潮

除了基础教育领域，国外中文学习热潮还体现在成人教育、职业培训等多个方面。随着中资企业在国外的快速扩张，其他国家对既懂中文又具备专业技能的人才的需求激增。因此，越来越多的外国人选择学习中文，以提升自身的职业竞争力。此外，中国文化、艺术、旅游等领域的吸引力也促使更多外国人加入了中文学习的行列。在澳大利亚、美国、加拿大等国家，中文课程在社区大学、语言培训机构中广受欢迎，成为许多成年人继续教育和终身学习的重要选择。

（三）国际汉语水平考试的普及

随着中文学习者数量的增加，国际汉语水平考试作为全球范围内最具权威性的中文水平测试，其考生人数也在逐年攀升。据其官方统计，2024 年一季度，全球共有 110 个国家的 568 个考点举办了国际汉语水平考试，考生人数达到 16.2 万人，与 2023 年同期相比增长了 34%。这一数据不仅反映了中文学习热潮的持续升温，也体现了全球各国对中文教育质量的关注和认可。

（四）中文教育在全球的地理分布

从地理分布来看，中文教育在全球的普及呈现出多元化的特点。亚洲地区作为中文教育的传统强区，学习者数量始终占据领先地位。然而，近年来，欧洲、美洲、非洲等地区的中文教育也取得了显著进展。特别是在"一带一路"倡议的推动下，沿线国家与中国的经济、文化交流日益频繁，中文教育在这些国家得到了快速发展。例如，欧洲部分国家的中文教育近年来发展迅速，多所高校和中学开设了中文课程，吸引了大量学生报名学习。

二、中文教育资源的多样化

随着中文学习者数量的增加，中文教育资源也日益丰富和多样化。这些资源不仅涵盖了传统的纸质教材、教辅资料，还包括了在线课程、语言交流平台、多媒体教学资源等多种形式。

（一）纸质教材与教辅资料的丰富

纸质教材作为中文教育的基础资源，其种类和数量都在不断增加。从基础汉语教程到高级汉语阅读、写作教材，从儿童汉语启蒙读物到成人职业汉语教材，各类教材应有尽有。此外，为了满足不同学习者的需求，许多教材还提供配套的练习册、听力材料等教辅资料。这些丰富的资料为学习者提供了更多的选择空间，有助于他们根据自己的学习目标和兴趣选择合适的学习材料。

（二）在线课程的兴起

随着互联网技术的快速发展，在线课程已成为中文教育的重要组成部分。许多知名高校、语言培训机构纷纷推出中文在线课程，通过视频教学、直播互动、在线测试等方式为学习者提供便捷的学习途径。这些在线课程不仅覆盖了中文听、说、读、写等各个方面的技能训练，还融入了丰富的中国文化元素，使学习者在掌握语言技能的同时，也能深入了解中国文化。

（三）语言交流平台的搭建

除了纸质教材和在线课程外，语言交流平台也是中文教育资源的重要组成部分。语言交流平台通过提供实时语音、视频聊天等功能，为学习者创造了一个真实的语言环境。学习者可以在这些平台上与来自世界各地的使用汉语的人进行交流，从而提高口语表达能力和跨文化交际能力。同时，许多平台还设有中文角、文化沙龙等活动，为学习者提供了更多了解中国文化和社会环境的机会。

（四）多媒体教学资源的应用

随着多媒体技术的不断发展，中文教学也迎来了新的机遇。许多教师和教育机构开始利用 PPT、视频、音频等多媒体教学资源来丰富课堂教学内容。这些资源不仅使课堂更加生动有趣，还有助于提高学习者的学习兴趣和参与度。例如，一些教师会利用动画、短片等形式来讲解语法重点或词汇用法；一些机构则会制作专门的中文学习手机软件或小程序，为学习者提供便捷的学习工具。这些多媒体教学资源的应用不仅提高了教学效果，也推动了中文教育的现代化发展。

三、国际中文教育机构的扩展

随着中文教育的普及和发展，国际中文教育机构也在全球范围内迅速扩展。这些机构不仅为学习者提供了专业的中文教育服务，还促进了中文教育与其他国家教育的交流与合作。

（一）孔子学院的发展

孔子学院作为中文教育的重要载体，自 2004 年成立以来已在全球范围内建立了数百所分支机构。这些学院不仅承担着中文教学和文化传播的重任，还成了连接中国与世界各国人民友谊的桥梁。孔子学院通过派遣汉语教师和志愿者、提供教学资源、举办文化活动等方式，实现了中文教育在海外的普及和发展。同时，孔子学院还注重与当地教育机构的合作与交流，以期共同推动中文教育的本土化进程。例如，美国常春藤名校的孔子学院就与学校东亚语言文化系合作开设了中文课程，吸引了大量学生报名学习。

（二）中文联盟的作用

中文联盟是由多家中文教育机构共同发起成立的国际中文教育合作平台。该平台旨在通过资源整合、信息共享等方式加快中文教育的国际化发展进程。中文联盟成员包括国内外知名高校、语言培训机构、文化传播企业等。它们通过共同研发教材、开发在线课程、举办文化交流活动等方式加强彼此的合作与交流。中文联盟的建立不仅促进了国际中文教育资源的共享与利用，也提高了中文教育的整体质量和水平。例如，中文联盟曾联合多家机构共同举办了"一带一路"沿线国家中文教育研讨会等活动，为推动中文教育在"一带一路"沿线国家的普及和发展做出了积极贡献。

（三）其他国际中文教育机构的涌现

除了孔子学院和中文联盟，还有其他国际中文教育机构在全球范围内不断涌现。这些机构各具特色、各有侧重地推动着中文教育的发展。例如，一些机构专注于提供在线中文课程服务，一些机构则注重开展中文教师培训项目，还有一些机构则致力于推动中文教育在特定领域的应用与发展。这些机构的涌现不仅丰富了国际中文教育的内涵和外延，也为全球中文学习者提供了更多样化的学习选择和服务。

第二节　国际中文教育面临的主要挑战

一、师资队伍建设面临的挑战

师资队伍是国际中文教育事业健康发展的关键要素之一。当前，我国国际中文教育师资队伍建设面临着严峻的挑战，总体呈现出人数不足、结构失衡的状况。这两大问题的存在不仅制约了国际中文教育的普及与发展，也影响了中华文化的国际传播与交流。

（一）人数不足：供需矛盾凸显

有关数据显示，截至 2023 年底，全球范围内除中国外，其他国家正在学习中文的人的数量已超过 3000 万，这充分反映了国际社会对中文学习的巨大热情。[①] 然而，与之形成鲜明对比的是，持证国际中文教师的人数却严重不足。这一巨大的供需矛盾，使得许多地区的学校难以招聘到合格的中文教师，严重影响了教学质量和学生的学习效果。

这种数量上的不足，不仅体现在全球范围内的总体数量上，还体现在地域分布的不均衡上。在一些国家和地区，由于中文教育的起步较晚或发展相对滞后，中文教师短缺的问题尤为突出。例如，在非洲和东南亚的一些国家，尽管人们的中文学习需求日益增长，但由于缺乏足够的中文教师，许多学校只能开设有限的中文课程，无法满足学生的学习需求。而在某些国家和地区，虽然中文教育已经取得了一定的发展，但由于人口基数大、学习需求旺盛，中文教师的供给仍然不足。例如，在美国和加拿大等西方国家，随着中文教育的逐渐普及，人们对中文教师的需求也在不断增加，但由于本地中文教师数量有限，许多学校不得不依赖从中国派遣的志愿者教师或临时聘请的兼职教师。

（二）结构失衡：专业素质有待提升

除了数量上的不足，现有国际中文教师队伍也存在结构失衡的问题。这种结构失衡主要体现在教师的专业素质、教学理念和教学方法等方面。

首先，从专业素质来看，许多教师虽然具备扎实的汉语基本功，但没有接受系统的国际中文教育专业训练；他们对第二语言教学规律认识不够深入，跨文化交际能力较为欠缺，这使得他们在教学中难以做到因材施教、灵活应变。例如，一些教师在面对不同文化背景和学习习惯的学生时，往往采用单一的教学模式和方法，无法根据学生的实际情况进行调整和优化，从而影响了教学效果和学生的学习兴趣。

其次，从教学理念来看，部分教师存在陈旧、落后的观念。他们往往过分强调语法和词汇的教学，忽视了对学生语言运用能力和跨文化交际能力的培养。这种教学理念上的落后，使得学生在学习过程中难以将所学知识运用到实际情境中，从而影响了他们的语言运用能力和跨文化交际能力的发展。

再次，从教学方法来看，许多教师仍然沿用传统的教学模式和方法，缺乏创新精神和探索意识。他们往往采用填鸭式的教学方式，忽视了学生的主体性和创

---

① 赵晓霞. "在中国相遇，让心走到一起" [N]. 人民日报海外版，2024-11-21（9）.

造性，使得课堂气氛沉闷、缺乏活力。这种教学方法上的落后，不仅难以激发学生的学习兴趣和积极性，也制约了国际中文教育的进一步发展。

最后，现有国际中文教师队伍的年龄结构也存在失衡的问题。一方面，一些老教师虽然教学经验丰富，但由于年龄偏大、体力下降等客观因素，难以适应高强度的教学工作；另一方面，一些年轻教师虽然充满活力和创新精神，但由于缺乏教学经验和实践锻炼，难以胜任复杂的教学任务。这种年龄结构上的失衡，使得国际中文教师队伍的整体素质难以得到有效提升。

（三）原因分析：多因素共同作用

造成国际中文教育师资队伍人数不足和结构失衡的原因是多方面的，这些因素相互交织、共同作用，使得问题变得更加复杂和棘手。

首先，我国尚未建立健全的国际中文教师培养体系。虽然部分高校开设了国际中文教育硕士项目，但培养规模有限，难以满足市场需求。许多高校的汉语国际教育专业仍处于起步阶段，课程体系不够完善，实践教学环节较少，学生毕业后难以很快适应教学工作。此外，一些高校在招生、培养和就业等方面缺乏有效的衔接和协调机制，使得国际中文教育人才的培养质量和效果难以得到保障。

其次，国际中文教师职业吸引力不强。在一些地区的学校中，中文教师的薪酬水平普遍偏低，难以吸引和留住优秀人才。同时，由于国际中文教育的普及程度不高，许多学校和机构对中文教师的重视程度不够，缺乏相应的激励和保障机制。这使得一些有志于从事国际中文教育工作的年轻人望而却步，转而选择其他更有发展前景的职业。

最后，国际中文教师的社会地位和认可度不高。在一些国家和地区，中文教育仍然被视为边缘学科或辅修课程，缺乏足够的关注和支持。这使得中文教师在职称评聘和晋升等方面面临诸多困难，难以获得应有的认可和尊重。这种社会地位和认可度的缺失，使得一些优秀的中文教师逐渐流失到其他领域，进一步加剧了国际中文教育师资队伍的人才短缺问题。

除了上述因素，还有一些因素也在一定程度上影响了国际中文教育师资队伍的建设。例如，一些国家和地区的教育政策不够稳定或缺乏连续性，使得国际中文教育事业的发展受到制约；一些教育机构对国际中文教育的重视程度不够，缺乏足够的投入和支持；一些地区的社会文化环境不利于国际中文教育的发展。这些因素的存在，使得国际中文教育师资队伍建设面临更加复杂和严峻的挑战。

为了有效解决国际中文教育师资队伍人才不足的问题，有关部门应从多个方面入手，采取有力措施加强师资队伍建设。首先，要进一步完善国际中文教师培养体系，扩大培养规模、优化课程设置、强化实践教学环节等；其次，要提高国际中文教师的职业吸引力和社会地位；最后，要加强各地区国际中文教育师资队伍的交流合作。

二、文化背景差异与语言障碍带来的挑战

（一）文化背景差异

在国际中文教学中，文化背景差异对教学效果的影响不容忽视。中国与其他国家在历史渊源、社会制度、风俗习惯等方面存在明显差异，这些差异深深地影响着人们对语言的使用和理解。忽视文化背景差异，就难以真正掌握语言的精髓，难以在跨文化交际中进行有效沟通。

文化背景差异首先体现在语言的表层结构上。每个民族都有自己独特的语音、词汇、语法等语言要素，这些要素都有着民族文化的烙印。例如，汉语中"红"这个字，既指一种颜色，又具有喜庆、吉祥的文化内涵。而在西方文化中，"红"这个字却常常与血腥、危险联系在一起。如果不了解这种文化差异，就可能在跨文化交际中产生误解甚至冲突。因此，在国际中文教学中，教师需要帮助学生了解汉语词汇背后的文化内涵，使其体会词语在不同文化语境下的差异，从而提高学生的语言运用能力。

文化背景差异还体现在语言的深层结构上。语言是思维的外壳，不同地区的人的思维方式深刻影响着其语言表达。中国人的思维方式偏向整体性、综合性，注重事物之间的关联，强调语境在语言理解中的作用。而西方人的思维方式偏向分析性、逻辑性，注重事物的独立属性，强调语言表达的明确性和精确性。这种思维方式的差异，导致了中西方语言表达在结构、逻辑、修辞等方面的巨大不同。在国际中文教学中，教师需要引导学生了解中国人的思维特点，学习如何站在中国文化的视角去理解和表达中文，掌握地道的表达方式。

此外，文化背景差异还影响人们的语用能力。语用能力涉及人际交往中言语的恰当运用，如称呼、问候、邀请、道歉、祝贺等。这些看似寻常的语言行为，深深嵌入了各自文化的价值观念和行为规范之中。例如，中国人看重长幼尊卑，称呼时习惯用姓氏加头衔，以表示尊重。而西方人看重个人平等，称呼时习惯直呼其名，以显示亲切。中国文化强调"含蓄"，表达时常用委婉、隐晦的方式，

给人以想象和领悟的空间。而西方文化推崇"直接"，表达时多用开门见山、直截了当的方式，力求表意明确、一目了然。如果忽视这种语用差异，就难以建立良好的人际关系，还可能引发文化冲突。因此，在国际中文教学中，教师需要加强对学生语用能力的培养，让学生了解中国人交往时的文化习俗和语言策略，学会得体地使用语言。

在当前社会环境下，要克服文化背景差异对国际中文教学的影响，教师就需要在教学中加强文化导入，提升学生的跨文化交际能力。一方面，教师要系统地介绍中国文化知识，包括中国的历史、地理、哲学、文学、艺术、科技等，帮助学生构建起完整的文化背景架构，深入理解中华文化的博大精深。另一方面，教师要创设丰富的文化体验情境，通过角色扮演、情景模拟、案例分析等活动，让学生身临其境地感受中国文化，提高理解文化和交流文化的能力。同时，教师还要引导学生进行文化比较和反思，了解中外文化的异同，以开放、平等、尊重的态度对待文化差异，使学生可以进行跨文化理解与沟通。

需要指出的是，在进行文化导入的同时，国际中文教学也要避免文化简化和定型化的发展倾向。每一种文化的内部都是多元、复杂、动态的，都会在现代化进程中不断演变、更新。我们既不能用一个静态、单一的"中国文化"概念来掩盖文化内部的差异性，也不能用一个刻板、固化的"外国文化"印象来对比"本土文化"。教师应引导学生辩证地看待各国文化，既看到差异，也看到趋同；既看到传统，也看到现代；既看到主流，也看到多元。

总之，文化背景差异是影响国际中文教学效果的重要因素。唯有深入了解中外文化的异同，增强学生的文化敏感性，国际中文教育才能真正实现沟通中外、促进理解的崇高使命。

（二）语言障碍问题

语言障碍是影响国际中文教育教学效果的重要因素之一。作为第二语言学习者，留学生在中文学习过程中往往会受到母语负迁移的影响，出现语音、语法、语用等方面的偏误。这些偏误不仅会阻碍学生准确理解和表达中文，还会影响其与中国师生的交流互动。因此，深入分析语言障碍产生的原因，探索有效的教学策略，对于提升国际中文教育质量具有重要意义。

从认知心理学的角度来看，语言习得是一个复杂的心理过程，涉及感知、记忆、思维等多个环节。在这一过程中，学生往往会根据母语已有的语言知识和规则来理解和构建目的语体系。当母语与目的语在语音、词汇、语法等方面存在较大差异时，学生就容易产生负迁移，形成偏误。以汉语声调为例，印欧语系的留学生普遍缺乏声调的概念，难以准确辨别和模仿汉语的四个声调，容易出现"洋腔洋调"的问题。

除了语言本身的差异，文化背景的差异也是导致语言障碍问题出现的重要原因。语言是文化的载体，蕴含着丰富的文化内涵，不同文化在价值观念、思维方式、交际习俗等方面存在显著差异，这些差异会影响学生对语言的理解和运用。例如，中国人重视含蓄委婉的表达方式，习惯于用"可以吗""方便吗"等问句来表达请求，而西方人则偏好直截了当的表达，认为委婉的说法有违诚信原则。中国传统文化推崇集体主义价值观，强调个人利益服从集体利益，而西方文化推崇个人主义价值观，强调个人权利和自由。这些价值观差异会影响人们语言表达的方式，导致文化冲突。

针对语言障碍问题，国际中文教育教师应采取多元化的教学策略，帮助留学生突破语言瓶颈，提高中文综合运用能力。首先，教师应加强语言对比分析教学，引导学生了解母语和汉语在语音、词汇、语法等方面的异同，提高学生的语言意识，防止负迁移的产生。同时，教师应创设真实的语言情境，通过情景对话、角色扮演等活动，让学生在实践中习得地道的中文表达方式，提高语用能力。其次，教师应重视文化教学，帮助学生了解中国文化的历史渊源、价值理念、行为规范等，提高其文化敏感性和跨文化交际能力。可以通过文化讲座、文化体验等形式，拓宽学生的文化视野，培养其文化包容性和国际化意识。最后，教师还应因材施教，根据学生的语言和文化背景，采取个性化的教学方案，提供有针对性的指导和帮助。

总之，语言障碍是国际中文教育面临的普遍性难题，既涉及语言本身的差异，也涉及文化背景的差异。克服语言障碍，提高学生的中文综合运用能力，需要国际中文教育教师与时俱进，不断创新教学理念和方法，在教学实践中积累经验，探索规律。

第二章　大数据技术与智慧教育平台的构建

本章主要介绍大数据技术与智慧教育平台的构建，包括人数据技术在教育中的应用、智慧教育平台的设计原则、数据驱动的智慧教学资源管理等内容。希望通过对大数据技术与智慧教育平台的分析研究，实现教学资源的高效利用，从而进一步提升教育质量。

第一节　大数据技术在教育中的应用

一、大数据技术在教育评估中的应用

（一）数据收集与分析

大数据时代的到来为教育教学活动注入了新的活力，为实现教育现代化提供了强大的技术支撑。在智慧教育平台的构建过程中，教育数据的收集与分析发挥着关键作用。通过对学生学习行为、学习效果等数据的收集与分析，智慧教育平台可以更加全面、客观地评估教学质量，精准诊断教学中存在的问题，为教学改进提供依据。

教育数据收集是开展数据分析的基础。随着信息技术的发展，教育数据呈现出规模大、类型多、更新快等特点，传统的人工统计和抽样调查已经难以满足全面、及时的数据收集需求了。因此，智慧教育平台亟需构建多元化的数据采集渠道，利用先进的信息技术手段，实现教育数据的自动化、智能化收集。例如，教育机构可通过在线学习平台记录学生的学习行为，利用电子学籍系统收集学生的基本信息，运用智能考试系统收集学生的测评数据，等等。多渠道、多形式的数

据收集，能够为后续的数据分析提供丰富、可靠的原始材料。

在数据收集的基础上，还需要运用科学的方法对数据进行清洗、整合和挖掘。由于教育数据来源广泛，形式多样，其中难免存在一些噪声数据、重复数据、内容不全数据等，影响整体数据质量。因此，必须采用数据清洗技术，剔除异常数据，弥补数据缺失，确保数据的准确性和完整性。同时，不同来源、不同类型的数据在格式、标准上往往存在差异，需要进行数据整合，建立统一的数据规范和存储格式，方便后续分析使用。在数据预处理的基础上，可以运用数据挖掘、机器学习等技术，从海量数据中提炼有价值的信息。例如，可以利用聚类分析对学生进行分组，识别不同学生的学习特点和需求；可以利用关联分析发现教学要素之间的关系，优化教学设计；可以利用预测分析对学生未来的学业表现做出预判，及时开展针对性辅导。

教育数据分析不是目的，而是提升教学质量和学习效果的手段。只有将数据分析结果应用到教育教学实践中，才能真正发挥大数据的价值。一方面，教育管理者可以利用数据分析结果，制定科学的教育政策，合理配置教育资源，推动教育公平。另一方面，教师可以基于数据分析结果对教学活动进行反思和调整，因材施教，促进每一位学生的进步。此外，数据分析还可以为学生个性化学习提供参考，帮助其更好地认识自我，调整学习策略，实现精准学习。

（二）评估模型构建

在大数据技术的助力下，教育评估模型构建迎来了新的机遇和挑战。传统的教育评估往往依赖有限的抽样数据和教师主观经验，难以全面、客观地反映教育质量和学生发展水平。而大数据技术则为教育评估提供了海量、多维度的数据支撑，使得评估结果更加科学、精准。

构建基于大数据的教育评估模型，首先，需要明确评估的目标和内容。评估目标应该立足于学生的全面发展，而学生的全面发展既包括知识技能的掌握，也包括情感态度、创新意识等非智力因素的获取。评估内容则应该涵盖学生学习的各个方面，如课堂表现、作业完成情况、考试成绩、课外活动参与度等。只有全方位、多角度地收集数据，才能真实地呈现学生的成长轨迹。其次，基于大数据技术的教育评估模型应该充分利用先进的数据分析技术，如数据挖掘、机器学习等。通过对海量教育数据进行智能化处理和深度分析，评估模型能够发现隐藏在数据背后的规律和特征，揭示影响学生发展的关键因素。同时，借助可视化技术，评估结果还能以直观、生动的形式进行呈现，方便教师及时掌握学生学习数据并改进教学策略。再次，科学的教育评估模型应兼顾评估的多元主体。教育评估不应局限于学校和教师，更需要引入学生自评、家长评价、社会评价等多种评价方式，形成多元互动、协同推进的良性机制。学生作为教育的主体，其自我评价有助于增强主人翁意识，调动学习积极性。而家长和社会的参与则有利于教育评估与实际需求相结合，提升人才培养方案的针对性和有效性。最后，大数据时代的教育评估模型应坚持以人为本、因材施教。尽管大数据技术能够揭示学生群体的整体特征和发展规律，但每个学生都是独特的个体，具有不同的兴趣爱好、认知风格和发展潜力。因此，评估模型在关注共性的同时，更应该重视个性，为不同学生提供个性化的评估反馈和发展建议。只有做到因材施教，才能最大程度地激发每个学生的潜能，实现其全面而有个性的发展。

大数据驱动的教育评估模型是教育现代化的重要基石。它集数据收集、数据分析、多元评价于一体，不仅能够提供更加全面、客观的评估视角，更能精准洞察学生发展的规律和个体差异。

（三）评估结果反馈

评估结果反馈是大数据技术在教育评估中应用的关键环节，它可以帮助教师、学生、管理者全面了解教学过程和学习效果，为优化教学和改进学习方式提供依据。通过运用大数据技术对海量的教育数据进行分析，评估系统能够快速、准确地生成个性化的评估报告，直观呈现学生的学习特点、优势和不足。这种具有即时性、针对性特点的反馈方式，较之传统的笼统评价更具启发意义，能够引导学生反思学习，调整策略，不断完善自我。

评估结果反馈方式的多元化受到了大数据技术的影响。系统可以根据不同主体的特点和需求，灵活设置反馈的内容、形式和频次。对于学生而言，反馈可以通过表格、雷达图等可视化方式直观展示其能力水平和进步空间，便于学生自我监控和调节。对于教师而言，反馈可以聚焦于每个学生的薄弱环节，揭示个体差异，从而因材施教，有的放矢。对于管理者而言，反馈可以宏观呈现教学实施情况，为宏观决策和资源配置提供参考。多角度、多层次的反馈让评估不再是单向、被动的过程，而是师生共同参与、互动协作的过程。

此外，大数据技术驱动的评估结果反馈还能促进教育评估的常态化和持续改进。传统的教育评估往往是阶段性的、临时性的，评估结果也难以持续追踪和应用。而借助大数据技术，评估就可以贯穿教学全过程，反馈也能够动态生成、实时更新。这种常态化的评估反馈机制可以形成良性循环，即评估发现问题，反馈指明改进方向，改进后再次评估，评估的反馈再为下一步优化提供参考。如此循环往复，教与学的质量就能够在大数据技术应用中不断提升。

当然，大数据技术在教育评估中的应用也存在一些局限和风险。海量数据的处理和分析对大数据技术提出了更高要求，需要教育工作者与数据分析师深度合作。此外，过度依赖量化的数据分析，可能会使教师忽视教育的人文内涵和情感交流。因此，在运用大数据进行评估反馈时，要坚持以人为本，技术与人文并重。用数据还原教育真相，用反馈助力师生发展，是大数据评估应秉持的理念和原则。

总之，评估结果反馈是发挥大数据技术优势、促进教育变革的突破口。通过数据收集和数据分析，反馈能够个性化、精准化、可视化，为不同主体提供有价值的参考和指导。反馈的常态化和持续改进，是优化教学的有效途径。

二、大数据技术在教学效果分析中的应用

（一）教学数据采集

教学数据采集是大数据时代教学效果分析的基础和前提。随着信息技术的迅猛发展，传统的教学数据采集方式已经难以满足实际教学效果分析的需求了。因此，创新教学数据采集方法，构建多维度、动态化的教学数据采集体系，已经成为提升教学效果分析科学性和准确性的关键。

设计系统的教学数据采集指标是提高数据质量的重要保障。教学数据的采集需要立足于教学过程中的各个环节，全面考虑影响教学效果的各种因素。这就要求我们在设计采集指标时，既要重视教学投入、教学过程、教学结果等显性指标，也要关注学生学习兴趣、教师教学热情等隐性指标。同时，指标设计还应符合科学性、针对性、可操作性的原则，确保采集到的数据能够真实、准确地反映教学效果。只有建立起系统的教学数据采集指标体系，才能为教学效果分析提供高质量的数据支撑。

丰富教学数据采集渠道是丰富数据信息的有效途径。传统的教学数据主要来自课堂教学环节，如学生出勤率、课堂互动频次、作业完成情况等。然而，学生的学习过程远不止于课堂，课前预习、课后复习、自主探究等环节同样影响着教学效果。因此，我们要充分利用大数据技术，拓展教学数据的采集渠道。例如，教师可以通过学习平台记录学生的在线学习行为，利用电子作业系统了解学生的作业完成情况，运用互动软件跟踪学生与教师、同学之间的交流情况。这样一来，教师既能够采集到课堂内外学生学习全过程的数据，也能够采集到学生学习行为、

学习效果、学习体验等多维度数据，为全面判断教学效果奠定基础。

创新教学数据采集手段是提升数据时效性的必然要求。教学活动是一个动态的过程，教学数据也应该是动态实时的。然而，传统的教学数据采集大多依赖于阶段性的问卷调查、访谈等方式，数据更新周期长，难以实时反映教学效果。因此，我们要主动顺应大数据、人工智能等新技术的发展趋势，以技术创新驱动教学数据采集手段的革新。例如，可以利用物联网技术实现课堂环境数据的自动采集，使用语音识别技术自动分析师生互动的有效性。这些新手段能够实现教学数据的实时采集和更新，使得教学效果分析更加及时和动态，为精准教学决策提供有力支撑。

完善教学数据采集机制是规范大数据技术应用过程的制度保障。数据采集不是目的，更重要的是数据应用。然而，教学数据的采集和使用涉及学生隐私、教师利益等敏感问题，如果缺乏必要的规范和监督，很容易导致数据滥用、教师和学生权益受损等问题。因此，我们要建立健全教学数据采集和使用的相关制度，从组织管理、流程规范、监督评价等方面完善教学数据采集机制，既要保障采集和使用的数据的科学性和有效性，又要切实维护教师和学生的合法权益，创造良性的数据应用环境。只有形成常态长效的教学数据采集机制，才能为教学效果分析提供持续稳定的数据保障。

科学采集教学数据，既要借助现代信息技术手段，充分挖掘数字化教学平台、移动设备等新兴工具的潜力，又要依托教育评价、管理体系，使数据采集走上常态化、制度化的轨道。

（二）教学效果评估

教学效果评估是教学过程中不可或缺的重要环节，对于提升教学质量、优化教学策略具有重要意义。在大数据时代背景下，教学效果评估已经改变了传统的评估特点，呈现出全面性、精准性、动态性等新特点。

大数据技术为全面评估教学效果提供了有力支撑。传统的教学效果评估往往局限于学生的考试成绩和教师的主观评价，难以全面反映学生的学习状况和教学的实际效果。而在大数据时代，我们可以收集和分析海量的教学数据，如学生的课堂表现、作业完成情况、在线学习行为等，从而多维度、多角度地评估教学效果。通过综合分析这些数据，教师能够更加全面、客观地了解学生的知识掌握程度、能力发展水平，识别教学中存在的问题和不足，为改进教学提供精准依据。

大数据技术驱动的教学效果评估具有高度的精准性。在海量教学数据的支持下，教师能够深入剖析每一个学生的学习特点和个性化需求，实现因材施教、精准教学。例如，通过分析学生在线学习平台使用的数据，教师可以准确把握其学习进度、知识掌握情况，识别其学习困难和潜在问题，从而为其提供有针对性的学习指导和帮助。同时，基于大数据技术的教学效果评估还能够精准诊断教师的教学行为和教学策略，找出影响教学质量的关键因素，提出教学改进建议。

此外，大数据技术还赋予了教学效果评估动态性和实时性。传统的教学效果评估通常在学期末进行，反映的是学生学习的最终结果，缺乏过程性和连续性。而在大数据时代，教师可以实时收集和分析教学数据，动态监测学生的学习进展和教学效果变化，及时发现和解决教学中出现的问题。这种动态、实时的评估方式能够让教师更加灵活地调整教学策略，根据学生的实际情况优化教学内容和教学方法，真正实现以评促教、以评促学。

大数据技术在教学效果评估中的应用，不仅能够提高评估的科学性和准确性，更能够推动教学模式的变革和创新。通过数据挖掘和分析，我们能够洞察教与学的规律，探索最优的教学策略和学习路径。这将引领教育从经验型向科学型、从粗放型向精细型转变，不断提升人才培养质量。然而，我们也要清醒地认识到，大数据技术应用于教学效果评估当中仍面临着诸多挑战。海量教学数据的采集、存储和分析对学校的信息化建设提出了更高要求。同时，评估结果的解读和应用也需要教师具备一定的数据素养和专业能力。因此，推动大数据技术在教学效果评估中的深度应用，既需要加强学校信息化基础设施建设，也需要加大对教师的信息技术培训力度，使其获得数据驱动教学的意识和能力。

教学效果评估是一个复杂的系统工程，需要学校、教师、学生等多方协同推进。在大数据时代，我们要积极利用大数据技术的优势，创新教学效果评估模式，构建科学、精准、动态的评估体系。同时，我们也要高度重视教学数据的隐私保护和合理应用，确保评估过程的公平、公正。

传统的学业评估往往侧重考查学生对知识点的机械记忆和理解，忽视了对学生能力和素养的评价。而基于大数据技术的教学效果评估则能够为构建多元化评价体系提供有力支撑。教师可以收集学生在课堂表现、实践操作、课题研究等环节的过程性数据，完善学生的成长档案，客观呈现学生在知识、能力、情感态度等方面的发展变化轨迹。这种全面而又立体的评价方式，不仅有利于学生充分认识自身的长处和不足，更能引导其主动调整学习策略，逐步养成自主学习、合作学习的良好习惯。

（三）教学策略调整

教学策略调整是教学效果分析的重要延伸。通过对教学数据的深入挖掘和解读，教师能够全面了解学情，准确把握教学中存在的问题和不足，进而有的放矢地优化教学模式，改进教学方法，提升教学质量。

调整教学策略的首要前提是精准诊断学生的学习状况。教学效果评估能够为教师提供丰富翔实的数据，帮助其深入洞察学生在知识掌握、能力发展、学习态度等方面存在的差异性和个性化特点。基于这些数据，教师可以因材施教，针对不同学生的学习需求和认知特点，设计个性化的教学方案和策略。例如，对于基础薄弱的学生，教师可以通过补充学习资料、开展课后辅导等方式对其进行针对性指导；而对于学有余力的学生，教师则可以为其提供拓展性学习任务，激发其探究热情和创新潜能。

大数据技术驱动的教学策略调整还有助于优化课堂教学组织。通过分析学生的课堂表现数据，如参与度、互动频率、答题正确率等，教师能够及时发现教学中存在的问题，如教学节奏把握不当、师生互动不足、课堂气氛沉闷等。针对这些问题，教师可以灵活调整教学方法，合理设置课堂提问和小组讨论环节，营造生动活泼的课堂氛围，充分调动学生学习的主动性和参与性。同时，教师还可以根据数据分析结果优化教学媒体和工具的使用方式，合理利用信息技术手段创设真实的问题情境，增强教学的直观性和趣味性，提升学生学习的参与度和获得感。

教学效果评估为课程教学改革提供了重要依据。通过纵向比较和横向对比学生的学业表现数据，教师能够客观评估课程教学的整体成效，找出课程设置和教学实施过程中存在的问题。在此基础上，教师可以聚焦薄弱环节，系统优化课程教学方案。一方面，教师可以根据学情分析结果调整教学目标、教学内容的侧重点，合理把握教学进度和难度，提高教学目标与学生实际认知水平的匹配度。另一方面，教师还可以创新教学组织形式，积极开展基于项目、案例、问题的探究性教学活动，引导学生在实践中构建知识框架，提升其分析问题、解决问题的综合能力。

三、大数据技术在教育管理中的应用

（一）学生管理优化

随着大数据技术的迅猛发展与广泛应用，教育领域正经历着一场前所未有的变革，在学生管理方面，大数据技术以其独特的优势，使传统管理模式产生了较大变化。传统的学生管理依赖教育者个人的经验积累与直觉判断，这种方式在面对日益复杂、多变的教育环境时，显得力不从心，缺乏足够的科学性与系统性。而大数据技术的引入，为学生管理注入了新的活力，引领其向更加精准、高效且充满人性化的方向迈进。

在大数据的助力下，学校得以全面、系统地收集并整合学生的多维度信息，包括但不限于基本信息、学业成绩、心理状态、行为表现等，从而创造一个个全方位、多层次的学生画像。这些画像不仅丰富而立体，更蕴含着学生成长的点点滴滴，为教师提供了前所未有的观察视角。通过对这些海量数据的深度挖掘与智能分析，学校能够精准把握每位学生的独特性，包括他们的个性特征、兴趣偏好、优势与不足，进而量身定制个性化的教育服务方案。例如，针对学业上遇到瓶颈的学生，学校可以依据其学习数据，快速识别问题所在，并设计出具有针对性的辅导计划；而对于那些在心理或社交方面存在异常迹象的学生，通过对其日常行为数据的细致分析，学校能够及时介入，为其提供必要的心理疏导与人际关系指导。

大数据技术的应用，还极大地提升了学生管理决策的科学性与合理性。以往，学生管理决策多依赖于管理者的经验与主观判断，难免带有盲目性与随意性。而在大数据的支撑下，学校可以依据数据分析的结果，遵循教育发展的客观规律，制定出更加科学、合理的管理政策与措施。例如，通过对毕业生就业数据的深入分析，学校能够敏锐地捕捉到市场需求与人才培养之间的偏差，据此调整专业设置与课程体系，以更好地适应社会发展的需求。同时，通过对校园环境、基础设施等数据的综合考量，学校可以更加精准地配置教育资源，为学生创造一个更加安全、舒适、便捷的学习和生活环境。

此外，大数据技术在校园安全管理方面的应用同样不容忽视。通过布设各类智能感知设备，如高清监控摄像头、智能门禁系统、精准定位装置等，学校能够实时获取学生的位置信息与状态，有效预防并及时处置各类安全隐患。一旦突发紧急情况，大数据平台能够迅速锁定事发地点与相关人员，为紧急救援与后续处理提供有力支持，最大程度地确保学生的生命财产安全。

然而，大数据技术在学生管理中的应用并非一帆风顺的，其仍面临着数据割据、信息孤岛、隐私保护等多重挑战。为了充分发挥大数据技术的潜力，实现学生管理的真正优化与创新，学校必须积极转变思维，树立大数据意识，建立健全数据管理制度，不断提升数据分析能力。同时，要在严格遵守法律法规、保护学生隐私的前提下，充分挖掘数据的价值，让数据成为推动教育发展的强大动力。

大数据技术的融入为学生管理工作插上了翅膀，也为学生的全面发展与健康成长提供了坚实的保障。只要我们持续探索大数据技术在学生管理中的创新应用，坚守"以生为本"的教育理念，就一定能够开创学生管理工作的新篇章，为教育事业现代化发展贡献我们的智慧与力量。

（二）教师绩效分析

教师绩效分析是大数据技术在教育管理中的重要应用之一。传统的教师绩效评估往往依赖主观评价和有限的量化指标，难以全面、客观地反映教师的工作表现。而大数据技术的应用，为教师绩效分析提供了新的思路和方法。

首先，大数据技术能够实现教学数据的全面采集和整合。通过对教学过程中产生的各类数据进行采集和分析，包括教学计划、课堂互动、作业批改、学生反馈等，学校可以多维度、动态地评估教师的教学效果。这些数据不仅涵盖了教学的各个环节，还能够反映学生的学习状况和进步程度，为教师绩效分析提供了丰富、可靠的数据支撑。

其次，大数据技术支持对教师绩效进行科学评估和预测。运用机器学习、数据挖掘等技术，学校可以从海量教学数据中发现隐藏的模式和规律，建立教师绩效评估模型。这些模型不仅能够客观评价教师的历史表现，还能够预测教师未来的发展潜力，为教师职业发展规划提供参考。同时，大数据技术还能够帮助学校横向比较不同教师的绩效表现，发现优秀教师的成功经验，为其他教师的专业成长提供借鉴。

最后，大数据技术驱动的教师绩效分析有助于优化教学管理决策。通过对教师绩效数据的深入挖掘，学校可以识别影响教学质量的关键因素，如教学方法、师生互动、教学资源配置等，根据这些因素有针对性地制定教学改进措施，优化资源配置，提升整体教学水平。

需要注意的是，大数据技术驱动的教师绩效分析并非万能的。教育教学是一个复杂的过程，许多关键因素，如教师的道德品质、人格魅力等，难以量化。因此，在运用大数据技术进行教师绩效分析时，还需要与定性评价相结合，兼顾教师工作的方方面面。同时，还要重视教师主体性，尊重教师的专业自主权，避免过度量化和数据崇拜。

大数据技术在教师绩效分析中的应用，为教育管理现代化提供了新的可能。通过全面采集教学数据、科学评估教师绩效、优化管理决策，学校可以更加精准、高效地提升教学质量，提升教师专业素养。

（三）教育政策制定支持

教育政策的制定是一个复杂而系统的过程，需要在广泛调研和科学论证的基础上综合考虑教育发展的内在规律，以及外部环境产生的影响，最终形成符合国家发展战略和人民群众期待的政策方案。大数据技术的应用为教育政策制定提供了强有力的支持，使得政策制定更加科学、民主、精准。

大数据技术能够实现海量教育数据的采集、存储和分析，为教育决策提供翔实的数据支撑。通过对学生学业表现、教师教学行为、学校办学条件等方面的数据进行挖掘和建模，教育管理者能够全面了解教育系统运行的真实状况，准确把握教育改革和发展面临的问题，从而制定出切实可行的政策措施。例如，通过分析不同地区、不同学校的教育质量数据，可以发现教育资源配置不均衡、城乡教育差距较大等问题，为相关政策的制定提供参考。

大数据技术还能够实现教育政策制定的科学化和精准化。大数据技术可以通过数据挖掘和机器学习等手段，发现教育数据中隐藏的教育规律和教育发展趋势，对教育政策产生的影响进行科学预测和评估，从而大大提高政策制定的科学性和准确性。例如，通过对历年高考数据进行分析，教育管理者可以准确预测不同省份、不同批次的录取分数线，为高考改革政策的制定提供重要参考。

在大数据时代，教育数据不再是教育管理者独有的资源，而是全社会共享的资源。公众可以通过网络平台、社交媒体等渠道，表达自己对教育问题的看法，参与教育政策的讨论和制定。教育管理者也可以利用大数据技术广泛收集和分析社会各界的意见，增强政策制定的透明度和回应性。例如，通过对教育舆情数据的分析，教育管理者可以及时发现社会热点问题，回应群众关切，提高教育政策的社会认同度。

大数据技术在教育评估、个性化学习、教育资源配置等领域的广泛应用，极大地推动了教育的信息化和现代化发展。而在教育政策制定领域，通过让数据说话、用数据决策，教育政策制定能够真正做到基于科学依据、面向人民需求，不断提升教育治理的科学化水平。

第二节　智慧教育平台的设计原则

一、用户中心化原则

（一）用户需求分析

用户需求分析是智慧教育平台设计的基础，只有深入了解用户的实际需求，才能设计出真正满足用户期待、提升用户体验感的智慧教育平台。这就要求平台设计者站在用户的视角，采用多种方法收集用户需求，并对这些需求进行科学分析和提炼。

在智慧教育平台的用户群体中，学生是最主要的用户。学生使用智慧教育平台的核心诉求是获得个性化、高质量的学习体验。这就要求智慧教育平台能够为学生提供丰富多样的学习资源，满足不同学生的学习需求；能够智能推荐适合学生当前学习水平和学习习惯的内容；能够提供交互性、沉浸感强的学习环境，调动学生的学习积极性；能够客观全面地评估学生的学习效果，并给出针对性的改进建议。这些需求明确了智慧教育平台在资源建设、智能推荐、交互设计、学习评价等方面的优化方向。

教师是智慧教育平台的另一重要用户群体。对教师而言，智慧教育平台是辅助教学、提升教学效率的有力工具。教师希望智慧教育平台能够提供优质的教学资源，减轻备课压力；能够提供多样化的教学工具，丰富教学手段；能够智能分析学生的学情，为因材施教提供数据支持；能够自动批改作业、组织考试，降低教学管理负担。要想满足这些需求，智慧教育平台就需要在优质资源聚合、教学工具创新、智能学情分析、自动化教务管理等方面进行针对性设计。

除学生和教师外，家长和学校管理者也是智慧教育平台的重要用户。家长希望通过平台及时了解孩子的学习进展，与教师进行良性互动。这对智慧教育平台的家校互动功能提出了要求。学校管理者则希望利用智慧教育平台来优化教育管理和决策，这就需要智慧教育平台能够呈现全面、准确的数据分析可视化结果。

用户需求分析不是一蹴而就的，而应贯穿智慧教育平台设计的全过程。设计者要与用户保持密切沟通，建立常态化的需求收集和反馈机制；要深入教育教学一线，通过观察、访谈、问卷等方式倾听用户声音；要善于捕捉用户在使用过程中的痛点和难点，挖掘其中蕴含的需求；在明确需求的基础上，进行科学的可行性分析，权衡需求的重要性和实现的难易程度，确定平台各功能设计的优先级。

需求分析的质量直接决定了智慧教育平台设计的成败。一个基于深入需求分析的平台设计，必然是聚焦核心需求且功能全面的设计。而脱离用户实际需求的设计，往往事倍功半，甚至南辕北辙。因此，智慧教育平台的设计者务必要高度重视用户需求分析，并将这些需求融入设计的每一个环节。

（二）用户体验优化

高质量的用户体验是智慧教育平台建设的重中之重。现代教育理念强调以学生为中心，充分尊重学生的个性化学习需求和认知特点。在此背景下，智慧教育平台的设计必须立足用户视角，通过优化界面布局、交互方式、功能配置等，为学生提供流畅、便捷、个性化的学习体验。

界面设计是用户体验优化的基础。一个布局合理、视觉舒适的学习界面能够减轻学生的认知负荷，提升其学习效率和满意度。因此，智慧教育平台设计应遵循简洁、直观的原则，合理运用色彩、字体、图标等视觉元素，塑造清晰、统一的平台风格。同时，界面布局应符合用户的使用习惯和阅读规律，将用户常用、较重要的功能模块置于明显的位置，减少用户的认知成本和操作步骤。

交互设计是用户体验优化的关键。智慧教育平台应提供灵活多样的人机交互方式，满足不同学生的使用偏好。除了传统的鼠标、键盘操作，还可引入触摸屏、语音识别、手势控制等先进技术，使学生拥有更加自然、便捷的交互体验。在导航设计上，智慧教育平台应提供清晰、规范的指引，帮助用户快速定位所需资源和功能。同时，智慧教育平台还应具备服务推荐功能，通过弹窗提示、智能推荐等方式，引导用户高效利用平台资源。

支持个性化学习是用户体验优化的方向之一。每个学生都有其独特的学习风格、认知特点和知识基础。因此，智慧教育平台应充分利用大数据、人工智能等前沿技术，为学生提供个性化、精准化的学习服务。例如，平台可以根据学生的兴趣爱好、学习进度、知识掌握程度等，为其推荐适合的学习资源和学习路径；也可以为其提供个性化的学习评估与反馈，帮助学生及时发现并弥补知识盲区；还可以支持学生自主设置学习目标、制订学习计划，并提供智能化的监督和激励机制。这些个性化服务不仅能够提升学生的投入度和获得感，更能促进其自主学习能力的发展。

总之，以用户为中心，持续优化用户体验，是智慧教育平台建设的应有之义。通过界面优化、交互创新、个性化服务等多种措施，智慧平台方能为学生营造舒适、高效的学习环境，激发其内在学习动力，培养其自主学习、终身学习的素养，最终实现教育现代化的宏伟目标。

二、数据安全与隐私保护原则

在优化用户体验的过程中，智慧教育平台还应注重用户隐私保护和数据安全。学生在使用平台时产生的海量数据蕴含着巨大价值，但同时也面临着被泄露、滥用的风险。为此，智慧教育平台应严格遵守相关法律法规，制定完善的隐私政策和数据管理制度，并采取加密传输、分级授权、异地备份等技术手段，全力保障用户隐私和数据安全。

（一）数据加密技术

数据加密技术是智慧教育平台数据安全与隐私保护的重要基石。在大数据时代，在线教育平台汇聚了海量的师生个人信息、教学资源和学习行为数据，这些数据一旦遭到非法窃取或泄露，将给相关主体带来难以估量的损失。因此，智慧教育平台必须高度重视数据加密，采取多重技术手段，全方位保障数据安全。

从数据采集环节来看，智慧教育平台应严格遵循最少必要原则，只采集实现功能所需的最少量数据，杜绝过度采集行为。对于采集到的原始数据，平台应及时进行脱敏处理，去除其中的敏感信息，如身份证号、手机号等。同时，采用非对称加密算法对敏感字段进行加密，确保即使数据库遭到攻击，攻击者也无法直接获取数据。在数据传输过程中，智慧教育平台应全面采用加密保护协议，利用公钥加密技术保护数据传输链路，防止数据被中间人截获或篡改。对于存储在云端的数据，平台应使用工业级硬件加密模块对其进行加密，即使存储介质被盗，盗取者也难以从中直接读取数据。

访问控制是数据加密的重要补充。智慧教育平台应建立严格的身份认证和权限管理机制，根据用户角色和业务需求设置数据访问权限，做到权限最小化。对于核心业务数据，平台还应采取数字水印、数据脱敏等措施，防止内部人员滥用职权非法获取或外泄数据。在使用环节，智慧教育平台应提供面向最终用户的端到端的加密功能，如即时通信的端到端加密、笔记的本地加密等，最大限度保护用户隐私。对于不同安全级别的数据，智慧教育平台可采用相应强度的加密算法，在安全性和性能之间取得平衡。

数据加密是一项复杂的系统工程，需要在数据全生命周期中予以贯彻。从数据采集、传输、存储到访问、使用、销毁的各个环节，智慧教育平台都应制定周密的数据加密方案，明确技术路线和管理规范。同时，数据加密不能仅靠技术手段，还需要从管理层面予以保障。智慧教育平台应建立数据安全管理制度，明确各岗位人员的职责，定期开展数据安全审计和应急演练，提高全员的数据安全意识和技能。只有从技术、管理两个维度共同发力，构建起全方位、多层次的数据加密防护体系，才能筑牢智慧教育平台的数据安全防线。

随着智慧教育平台的不断发展，教育数据呈现出规模化、多样化、动态化的特点，对数据加密技术提出了更高要求。传统的加密算法在处理海量数据时，可能面临性能瓶颈和安全风险。因此，智慧教育平台还应积极引入前沿加密技术，如同态加密、函数加密、可搜索加密等，在保护数据隐私的同时，进行数据处理。同时，基于硬件的可信执行环境、区块链等新兴技术也为教育数据加密提供了新的思路和可能。智慧教育平台应立足自身业务特点和安全需求，紧跟数据加密技术发展前沿，适时引入和应用创新方案，不断提升自身数据安全保障能力。

数据加密为智慧教育平台的可信数据空间发展奠定了基础。只有切实保障师生的数据安全和隐私权益、营造安全可靠的智慧教育环境，才能赢得用户信任，激发其使用平台的积极性。反之，如果教育数据频频外泄，师生隐私时有曝光，必然会动摇智慧教育平台的社会公信力，阻碍智慧教育的快速发展。因此，智慧教育平台必须高度重视数据加密，将其视为生存和发展的根本保障，以可信、可靠的数据安全技术，为智慧教育平台发展插上腾飞的翅膀。

（二）用户隐私政策

在智慧教育平台的设计与构建过程中，用户隐私政策的制定至关重要。它不仅关乎用户个人信息的安全，更关系到平台的可持续发展和社会责任的履行。作为一个集合了海量用户数据的教育平台，智慧教育平台需要在提供个性化、智能化服务的同时，最大限度地保护用户隐私。

首先，智慧教育平台应严格遵守国家相关法律法规，如《中华人民共和国网络安全法》《信息安全技术　个人信息安全规范》等，建立健全的用户隐私保护制度。这一制度应明确规定平台收集、存储、使用用户个人信息的范围、方式和目的，并严格限定在提供服务所必需的最小范围内。对于超出范围的个人信息收集行为，平台应事先征得用户明示同意。同时，平台还应建立数据分级分类管理机制，根据数据的敏感程度采取相应的脱敏、加密等安全措施，防止用户信息泄露。

其次，智慧教育平台应坚持"数据最少化"原则，避免过度收集用户信息。在大数据时代，数据的价值日益凸显，一些平台为了获取更多数据而过度收集用户信息，这一现象屡见不鲜。然而，这种做法不仅侵犯了用户隐私，也给平台数据安全埋下了隐患。智慧教育平台应树立正确的数据价值观，合理界定数据边界，坚持最少够用原则，杜绝不必要的数据收集行为。与此同时，平台还应为用户提供便捷的个人信息管理途径，允许用户查询、更正、删除自己的个人信息，赋予用户一定的个人数据控制权。

再次，智慧教育平台应加强内部管理，防范内部人员的不当行为。平台管理者和工作人员掌握着大量用户的个人数据，如果缺乏必要的制约和监督，很容易导致内部人员利用数据谋取私利、泄露用户隐私等问题。对此，平台应建立严格的内部数据访问和操作规范，明确各岗位人员的数据使用权限和职责边界，并通过系统日志、数据水印等技术手段实施有效监管。一旦发现违规行为，应严肃处理，绝不姑息。此外，培养从业人员的隐私保护意识也十分必要，要让每一位员工都明白保护用户隐私是平台生存和发展的生命线。

最后，智慧教育平台还应注重用户隐私保护的透明度，增强用户的知情权和参与感。平台在收集用户信息前，应以通俗易懂的方式向用户说明数据收集的目的、范围、使用方式、保存期限等，尊重用户的知情权；在使用用户数据时，应告知用户数据使用情况，接受用户的监督；在发生数据安全事件时，应第一时间向用户告知情况，说明问题原因和补救措施，争取用户的谅解和支持。

用户隐私保护需要智慧教育平台在设计、建设、运营的各个环节系统筹划、持续用力。唯有把隐私保护理念内化于心，外化于行，将其融入平台发展的每一个细节，才能真正实现大数据环境下用户隐私的有效保护，以可信赖的隐私安全环境赢得用户支持，推动智慧教育事业的健康发展。这不仅是平台的法律责任，更是一项系统工程，需要各方协同努力，形成合力，共同维护好大数据时代教育数字生态的安全与秩序。

三、个性化学习支持原则

（一）学习路径定制

个性化学习路径的定制是智慧教育平台实现因材施教、促进学生全面发展的关键举措。在大数据技术的支持下，平台可以精准捕捉每一位学生的知识基础、认知特点、学习风格等关键信息，据此智能生成最适合其学习需求的个性化学习路径。这一路径涵盖了学习目标的设定、学习内容的选择、学习活动的安排、学习效果的评估等各个环节，全方位、多角度地指导和优化学生的学习过程。

学习目标是个性化学习路径的起点。基于学生已有的知识储备和能力水平，平台可以协助其制定切合实际、符合特点的阶段性学习目标。这些目标具有梯度性和挑战性，既不会因难度过高而打击学生的学习积极性，也不会因过于简单而使学生丧失应有的成长空间。学习目标的明确，不仅能为学生的学习提供方向和动力，更能培养其自主学习、自我管理的意识和能力。

学习内容是实现学习目标的载体和途径。个性化学习路径并非对学习内容的简单罗列，而是根据学科逻辑、认知规律对教学内容进行科学选择和合理重组。对于基础薄弱的学生，平台会推送具有针对性的基础的资源，帮助其夯实知识根基；对于学有余力的学生，平台则会提供拓展性的学习材料，引导其不断挖掘学科领域的深度和广度。个性化的学习内容既充分考虑了学生的认知起点和接受能力，又为其搭建了通往更高层次学习境界的阶梯。

学习活动是学生内化知识、发展能力的关键环节。智慧教育平台的个性化学习路径会根据学生的学习风格和认知特点，智能推荐最适合学生的学习活动。例如，对于偏好动手实践的学生，平台会提供丰富的实验、项目等任务；对于善于逻辑思考的学生，平台则会设计更多开放性的问题情境，激发其批判性和创造性思维。个性化的学习活动不仅能够提高学生的参与度和获得感，更能最大程度地发挥其学习潜能。

学习效果的评估是优化学生个性化学习路径的必由之路。依托海量的学习行为数据，平台可以实时、动态地监测学生的学习进程和学业表现。通过学习效果的多维度评估，平台能够精准诊断学生在学习过程中遇到的困难和问题，并据此动态调整学习路径，为学生提供针对性的学习干预和指导。个性化的学习评估不仅能够帮助学生清晰地认识自己的优势和不足，更能引导其建立积极的自我认知和良性的学习反馈机制。

个性化学习路径的定制，是智慧教育平台践行"以生为本，因材施教"理念的集中体现。它突破了"一刀切"的传统教学模式，充分尊重学生的个体差异，最大化地满足其学习需求。在这一路径的引领下，每一位学生都能找到适合自己的学习节奏和成长轨迹，从而获得优质、高效的学习体验。个性化学习路径不仅能够提升学生的学业成绩，更能促进其自主学习能力、问题解决能力、创新思维能力等的全面发展，为其终身学习和可持续发展奠定坚实基础。

（二）学习进度跟踪

学习进度跟踪是个性化学习支持原则在智慧教育平台设计中的重要体现。在传统教学模式下，教师难以全面、及时地掌握每一位学生的学习状态，更无法根据其个体差异提供针对性的指导。而在智慧教育平台中，大数据技术的应用使得实时记录和分析学生的学习行为成为可能。通过采集学生在平台上的各种学习数据，如登录频率、学习时长、课程完成度、练习得分等，系统可以动态呈现每位学生的学习进度，为教师提供全面、客观的数据。

基于学习进度跟踪技术，智慧教育平台可以实现个性化的学习干预和指导。当系统检测到某位学生的学习进度明显落后于班级平均水平时，就会自动推送学习提醒，引导其加强薄弱环节的学习；当发现学生在某个知识点上反复出现错误时，系统可以智能推荐具有针对性的学习资源，帮助其查缺补漏；当捕捉到学生的学习兴趣和专长时，平台还可以推荐个性化的课程，满足其学习需求。这种精准、及时的学习干预，能够预防学生在学习过程中出现问题，提高其学习效率和质量。

学习进度跟踪不仅是教师掌控教学节奏的有力工具，更是学生进行自我监测和调节的重要手段。在智慧教育平台上，学生可以随时查看自己的学习进度，了解自己在班级中的相对位置。这种可视化的进度反馈，能够激发学生的学习积极性，调动其主动性。当学生发现自己的进度落后时，往往会产生危机感和紧迫感，从而采取措施加快学习节奏；而当学生看到自己的进步和成绩提升时，则会获得成就感和自信心，坚定学习的决心。可见，学习进度跟踪为学生构建了一面"镜子"，使其能够客观审视自己的学习状态，并据此调整学习策略，优化学习过程。

学习进度跟踪还是评估教学效果、改进教学方法的重要依据。传统的学习效果评估往往局限于期末考试成绩，难以全面反映教学过程的动态变化，而学习进度跟踪则为教师提供了一种过程性评估的新思路。通过分析班级整体和个体学生的进度数据，教师可以及时发现教学中的问题和不足，如教学节奏把握不当、个别学生知识掌握不牢等。在此基础上，教师能够有针对性地调整教学计划和方法，实现教学优化。同时，教师还可以将学生的进度数据作为教学反思的素材，总结教学经验，提炼教学规律，从而不断提升自身的教学水平和专业能力。

总之，学习进度跟踪是智慧教育平台落实个性化学习支持原则的重要内容，对于提高学生的学习效率、优化教师的教学策略具有重要价值。它利用大数据技术突破了传统教学的时空限制，实现了学情的精准分析和学习过程的动态监测，为因材施教提供了有力支撑。在智慧教育时代，深入研究学习进度跟踪的理论基础和实践策略，充分发挥其在个性化教学中的独特功能，对于推动教育教学变革、提升人才培养质量具有重要意义。

四、友好性与交互性原则

（一）界面友好性

智慧教育平台在设计时应始终坚持以用户为中心的基本原则，充分考虑用户的真实需求、使用习惯和认知特点，打造富有亲和力、易于操作的人机交互界面。一个友好的用户界面不仅能够降低用户的学习和使用门槛，提升平台的可用性和易用性，更能激发用户探索和使用平台的兴趣，增强其学习的主动性和积极性。

界面友好性的实现需要在视觉设计、交互设计和信息架构等多个方面进行精心设计和优化。在视觉设计方面，应遵循简洁、明了的设计风格，合理运用色彩、字体、图标等视觉元素，塑造出美观、大方、专业的界面形象。具体来说，色彩搭配应符合用户的审美习惯，避免使用过于艳丽或灰暗的色调；字体选择应与平台定位相匹配，保证文字的可读性和易识别性；图标设计应形象生动、寓意明确，便于用户理解和记忆。

在交互设计方面，应充分考虑用户在实际使用过程中的行为模式和心理预期，提供符合用户使用习惯的操作方式和流程。导航设计应清晰明了，确保用户能够轻松找到所需功能；按钮、链接等交互元素应醒目易辨，便于用户进行点击和操作；反馈机制应及时、友好，让用户能够明确自己的操作结果。同时，平台还应注重细节设计，如鼠标悬停、点击等微交互效果的设计，为用户提供流畅、舒适的操作体验。

在信息架构方面，平台应基于用户的认知规律和使用需求，对相关内容和功能进行合理组织和呈现。具体而言，内容层级应清晰分明，避免过度深入或过于平铺直叙；信息模块应有机组合，保证各模块之间的关联性和协调性；页面布局应条理有序，引导用户有效获取关键信息。此外，还应提供多样化的信息检索和筛选机制，如搜索、过滤、排序等，方便用户快速、精准地找到所需资源。

　　界面友好性的打造离不开用户研究和评估反馈。平台在设计和建设过程中，应广泛收集用户的意见和建议，深入了解其实际需求和痛点，并据此进行针对性的优化和改进。平台方可以通过用户访谈、问卷调查、可用性测试等方式，全面评估平台的界面友好性，发现并解决存在的问题，不断提升用户体验。同时，还应重视用户的反馈和投诉，建立完善的用户沟通和服务机制，及时响应用户的疑问和诉求，与用户保持良性互动。

　　总之，界面友好性是智慧教育平台设计的重中之重。只有立足用户需求，遵循以用户为中心的设计原则，在视觉设计、交互设计和信息架构等方面进行精细入微的打磨，并虚心听取用户的意见和建议，才能真正打造出便捷、高效、易用的平台界面，为用户营造出愉悦、满意的学习体验，从而实现智慧教育的普及与发展。

（二）交互反馈机制

　　智慧教育平台的交互反馈机制是实现平台与用户之间信息交换、情感互动的重要途径。它不仅关乎用户的使用体验，更影响着平台的教学效果和持续优化结果。一个具有亲和力、及时性、针对性的交互反馈机制，能够增强用户参与感，提升学生学习兴趣，实现教学相长。

　　从认知层面来看，交互反馈机制应当注重引导用户进行元认知，帮助其掌握学习策略。平台可以在用户完成学习任务后，及时给出客观、全面的评价与反馈，指出其知识掌握程度、学习优势所在和有待提升之处。同时，平台还应为用户提供个性化的学习建议，引导用户反思学习过程，调整学习方法，增强其自主学习、自我管理的意识和能力。这种及时、准确、具有启发性的认知反馈，将成为用户进步的强大助推器。

　　从情感层面来看，交互反馈机制应当体现人文关怀，并营造积极向上的学习氛围。智慧教育平台作为一个虚拟学习空间，更需要通过贴心、友好的交互设计，拉近与用户之间的距离。当用户取得进步时，平台应给予鼓励和肯定，增强其自信心和成就感；当用户遇到困难时，平台应给予适时帮助，缓解其焦虑情绪。通过表情符号、语音交互等多元化的反馈形式，平台可以传递出亲和、包容的情感态度，让用户在轻松愉悦的学习氛围中学习。

　　从社会层面来看，交互反馈机制应当增加用户之间的互动交流，培养其团队协作意识。学习从来都不是一个人的独角戏，用户需要在与他人的交流中实现认知升华、经验积累。因此，智慧教育平台应当为用户搭建起多元化的交流平台，鼓励他们分享学习心得、探讨学习难题。平台可以定期组织主题讨论、头脑风暴等互动活动，引导用户相互启发、取长补短。在协作式问题探究过程中，用户不仅能深化对知识的理解，更能提升表达沟通、团队合作等关键能力。

此外，交互反馈机制的设计还应体现趣味性和挑战性，以激发用户的参与热情。富有想象力和创造力的交互形式，如角色扮演、游戏闯关、情景模拟等，能够将枯燥的学习过程转化为生动有趣的体验，让用户在轻松愉悦的氛围中完成对知识的内化吸收。与此同时，平台还应设置合理的挑战任务，根据用户的学习能力为其匹配相应难度的任务，在循序渐进中不断刺激其探索欲和进取心。

总之，交互反馈机制的科学设计和有效实施，是智慧教育平台赋能教与学的关键所在。它通过多维度、多形式的信息反馈，架起了平台与用户之间互通互享的桥梁。只有不断完善交互反馈机制，提供及时、准确、个性化的指导，营造积极、友好、富有吸引力的学习氛围，平台才能最人限度地调动用户的主动性和创造性，实现智慧教育的价值追求。

五、模块化与兼容性原则

（一）系统模块化设计

系统模块化设计是智慧教育平台构建过程中的关键原则之一。它强调将复杂的系统划分为相对独立但又相互关联的模块，每个模块都拥有特定的功能，模块之间通过明确定义的接口进行通信和交互。这种设计理念有助于简化系统的开发、测试和维护工作，提高系统的可靠性、可扩展性。

在智慧教育平台的设计过程中，模块化思想体现在多个方面。从功能角度看，平台通常包括用户管理、课程管理、学习资源管理、教学活动管理、学习过程跟踪与评价等多个模块，每个模块负责完成特定的任务，满足不同用户的需求。例如，用户管理模块负责处理用户注册、登录、权限控制等操作；课程管理模块负责建设课程体系、组织教学内容、设置教学活动等；学习资源管理模块负责存储、检索、推送个性化的学习资源；学习过程跟踪与评价模块则记录用户的学习行为数据，对其学习效果进行分析评估。这些功能模块相对独立，各司其职，但又能够协同工作，最终为师生提供完整、顺畅的教与学的体验。从技术角度看，智慧教育平台的模块化设计有助于实现前后端分离、微服务架构等先进的系统架构模式。平台通过将系统拆分为多个微服务（每个微服务独立开发、部署和扩展），可以显著提升系统的并发处理能力和故障容错能力。微服务之间通过轻量级的通信机制进行数据交换，降低了系统各部分的依赖性，使得平台能够灵活应对新需求、新技术。此外，微服务架构还能够支持不同开发团队并行工作，实现团队间的协作，从而加快平台的迭代速度，缩短新功能的上线周期。从数据角度看，模块化设计为智慧教育平台的数据处理和数据分析提供了坚实基础。伴随着用户规模的增长和学习行为的积累，平台将沉淀海量的结构化和非结构化数据，这些数据蕴含着学情分析、学习预测、教学优化等方面的巨大价值。通过对不同功能模块的数据进行采集、清洗、整合，平台可以构建起完备的数据仓库和数据集市，为数据挖掘和机器学习算法的应用创造条件。数据分析团队能够基于统一的数据视图，探索学习行为模式，优化推荐策略，评估教学效果，为决策者提供有力支撑。可以说，没有系统的模块化设计，平台就难以实现全方位、多层次的数据洞察和应用。

需要指出的是，系统模块化设计是一个持续迭代、不断优化的过程。在平台建设初期，平台方需要审慎划分系统边界，合理设置模块职责，既要保证模块内部功能的高内聚，又要降低模块之间的耦合度。在运营过程中，平台方还需密切关注用户反馈和数据反馈，及时调整和重构不合理的模块设计，持续提升平台的性能和用户体验。只有长期坚持模块化设计原则，才能为智慧教育平台的可持续发展提供有力保障。

综上所述，系统模块化设计是智慧教育平台构建的核心原则之一。它从功能、技术、数据等多个维度入手，将复杂系统分解为高内聚、低耦合的模块，既确保了平台的稳定性和可扩展性，又为大数据驱动的个性化学习提供了基石。在设计过程中，平台架构师需要权衡各种因素，合理划分系统边界，并在运营中持续优化各个模块，最终打造出灵活、高效、智能的教育信息化平台，为教育现代化转型升级赋能。

（二）多平台兼容性

多平台兼容性是智慧教育平台设计不容忽视的重要原则。在当前信息技术飞速发展的时代背景下，用户使用的数字设备日益多样化，涵盖了个人电脑、平板电脑、智能手机等各种类型。这就要求智慧教育平台必须具备跨平台的兼容性，能够适配不同操作系统和硬件环境，为用户提供流畅的学习体验。

从技术实现的角度来看，实现多平台兼容需要平台开发团队深入研究各种主流操作系统的特点，并掌握相应的开发语言和工具。同时，还需要遵循响应式网页设计的理念，通过弹性布局、媒体查询等技术手段，使平台界面能够自适应不同尺寸的屏幕，在各种设备上都能呈现出优雅、美观的形象。此外，考虑到移动设备的特殊性，平台还应针对性地优化触控操作、手势识别等交互方式，提升用户的操作便捷性。

从用户体验的角度来看，多平台兼容意味着用户可以随时随地通过手边的设备访问智慧教育平台，开展个性化学习。无论是在家中使用台式电脑，或是在通勤途中使用智能手机，还是在野外考察时使用平板电脑，用户都能够获得一致的学习内容、学习进度和学习记录。这种跨平台的无缝衔接，不仅能够满足用户碎片化、移动化的学习需求，也有利于维持其学习的连续性和系统性，提高学习效果。

从教学管理的角度来看，多平台兼容有助于实现教学资源的集中管理和统一部署。教师可以通过统一的后台管理系统，在各种平台上发布教学资源、组织教学活动、跟踪学生学习情况。这不仅提高了教学管理的效率，也能实现教学资源的共建共享，优化资源配置。同时，多平台环境下产生的海量学习数据，也为开展学习分析、个性化推荐等智慧教育功能提供了数据基础，为教学改革和创新提供了新的可能。

需要注意的是，实现多平台兼容并非易事，它对平台的架构设计、性能优化、安全保障等方面都提出了更高的要求。平台开发团队需要系统规划、合理设计、反复测试，才能确保平台在各种环境下都能稳定运行、高效响应。同时，平台开发团队还需要建立完善的版本管理和更新机制，及时修复平台缺陷，为用户提供新功能，保障平台的可持续发展。这就需要教育机构在人力、物力、财力等方面给予平台必要的支持和保障。

总之，多平台兼容性是智慧教育平台必须具备的重要属性，它是顺应信息技术发展趋势、满足用户多样化需求的必然选择。只有充分考虑并实现多平台兼容，智慧教育平台才能真正发挥出"随时随地，因材施教"的教学优势，为构建新时代教育教学新生态提供坚实的技术支撑。

第三节　数据驱动的智慧教学资源管理

数据驱动的智慧教学资源管理是提高教学质量和学生学习效果的重要途径。通过资源需求预测、资源分配优化和资源效果评估等手段，学校可以实现教学资源的优化配置；通过个性化学习路径推荐、智能推荐系统和动态资源调整等手段，学校可以实现教学资源的精准匹配；通过资源共享与整合、数据驱动的教学决策和持续的资源优化与更新等手段，学校可以实现教学资源的高效利用。未来，随着大数据技术和人工智能技术的不断发展，数据驱动的智慧教学资源管理将发挥更加重要的作用，为教育事业的发展贡献更大的力量。

一、数据驱动的教学资源优化配置

（一）资源需求预测

在智慧教育时代，大数据技术成为优化教学资源配置的重要工具。通过分析学生的学习行为、成绩表现、兴趣偏好等多维度数据，智慧教育平台可以精准预测学生对不同教学资源的需求。这种预测不仅基于个体的学习数据，还结合了群体学习趋势，为教学资源的优化配置提供了科学依据。

1. 多维度数据分析

多维度数据分析是资源需求预测的基础。

首先，学校需要全面且细致地收集学生的学习行为数据。这些数据涵盖了学生在在线学习平台上的学习时间、作业完成情况、课堂互动频率等多个方面，能够全方位地反映学生的学习习惯和学习态度。在国际中文教育中，学生的学习行为数据尤为重要。由于中文学习的特殊性，学生需要不断地练习和巩固所学知识，而学习行为数据正是反映学生练习频率和学习效果的重要依据。通过分析这些数据，学校可以了解哪些学生在中文学习上投入的时间更多，哪些学生在课堂上更加活跃，从而为他们提供更加个性化的教学资源和指导。

其次，学生的成绩表现数据也是多维度数据分析中不可或缺的一环。通过深入分析学生的成绩，学校可以清晰地识别出哪些学科或知识点是学生普遍感到困难的。在国际中文教育中，这项工作尤为重要。中文作为一门语言，知识点繁多且复杂，学生在学习过程中难免会遇到问题。通过成绩表现数据，学校可以及时发现学生在哪些知识点的学习上存在问题，从而有针对性地加强教学，帮助学生攻克难关。例如，如果大量学生在数学应用题的中文表述上得分较低，那么可以推断出学生在将中文知识应用于实际问题方面的能力较弱。针对这一问题，学校可以加强数学应用题的教学，提高学生的实际应用能力。

最后，兴趣偏好数据同样不容忽视。在国际中文教育中，学生的兴趣爱好和学习偏好千差万别，有的学生对中国历史文化感兴趣，有的则对中文歌曲和电影情有独钟。通过问卷调查、学习平台记录等方式，学校可以深入了解学生的兴趣爱好和学习偏好。这些数据不仅有助于学校为学生推荐更加个性化的教学资源，还能够激发学生的学习兴趣，提高他们的学习积极性。例如，对于喜欢中国历史文化的学生，学校可以为其推荐相关的中文阅读材料和视频课程；对于喜欢中文歌曲和电影的学生，学校则可以组织相关的文化活动，让学生在轻松愉快的氛围中学习中文。

2. 大数据分析技术的应用

大数据分析技术是实现资源需求预测的关键，国际中文教育中有来自不同文化背景、学习习惯和语言能力的多个学生群体，如何精准把握他们的学习需求，合理配置教育资源，成了一个亟待解决的问题。而大数据分析技术的引入，无疑为这一难题提供了破解之道。

学校作为国际中文教育的载体，可以充分利用大数据技术，对收集到的多维度数据进行深度挖掘和分析。这些数据包括但不限于学生的学习行为数据、成绩表现数据、文化背景信息、语言水平测试成绩等。通过聚类分析，学校可以将具有相似学习特征和行为模式的学生归类，从而发现不同群体学生的学习偏好和需求差异。例如，对于来自亚洲国家的学生，他们可能更注重语言的实用性和交际性，而对于欧美国家的学生，他们可能更偏好于通过文化体验来学习中文。这种差异性的识别，有助于学校为不同群体的学生提供更加贴合其需求的教学资源和教学方法。

关联规则挖掘是一项适合国际中文教育的大数据分析技术。通过这项技术，学校可以揭示出学生学习行为与成绩表现之间的内在联系。例如，通过分析学生的学习时间分配、作业完成情况、在线互动频率等数据，学校可以发现学生的哪些学习行为对成绩提升有显著的正向影响。基于这些发现，学校可以向学生推荐更加有效的学习方法，如合理安排学习时间、积极参与在线讨论等，从而帮助他们提高学习效率，提升中文水平。

此外，大数据分析技术可以帮助学校预测未来的学习资源需求趋势。在国际中文教育中，随着全球各国人民对中国文化的学习兴趣日益浓厚，学习中文的需求也在不断变化。通过对历史数据的深入分析，学校可以捕捉到这些变化的趋势。例如，如果历史数据显示，随着新学期的开始，学生对数学相关中文课程的学习需求都会大幅增加，那么学校就可以提前规划，在新学期刚开始的一段时间里增加这类课程的教学资源和师资力量。这种前瞻性的资源配置，不仅能够满足学生的需求，还能够提升学校的教学质量和竞争力。

3.预测结果的应用

预测结果的准确应用是国际中文教育资源需求预测的最终目的。学校应根据预测结果，有针对性地增加相关教学资源的投入，确保教育资源优化配置。在国际中文教育中，这一步骤尤为重要。由于学生群体的多样性和学习需求的复杂性，学校必须根据预测结果，精准定位学生的需求痛点，提供个性化的教学资源和服务。

首先，对于预测出的学生普遍感到困惑的学科知识点，学校可以迅速响应，增加相关的教学辅导课程、在线学习资源或实验设备。例如，在中文语法、口语表达等难点上，学校可以开设专门的辅导班，提供个性化的指导；同时，要利用在线学习平台，为学生提供丰富的学习资源和互动练习，帮助学生巩固知识，提升技能。这种针对性的资源配置，不仅能够帮助学生克服学习困难，还能够提升他们的学习积极性和自信心。

其次，学校还可以根据预测结果调整课程设置和教学计划。在国际中文教育中，课程设置的合理性和教学计划的灵活性至关重要。通过预测结果，学校可以了解到学生对不同课程的兴趣和需求程度，从而调整课程内容和教学进度。例如，对于预测出的学生兴趣较高的文化体验课程或实践活动，学校可以适当增加课时和频次；而对于学生兴趣较低或难度过大的课程，则可以进行适当的调整或优化。这种以需求为导向的课程设置和教学计划调整，能够确保教学内容与学生的实际需求相匹配，提升教学效果。

最后，预测结果还可以为教师设计教学策略提供有力指导。在国际中文教育中，教师的教学策略和方法直接影响着学生的学习效果和体验。通过预测结果，教师可以了解到学生的学习偏好和需求特点，从而采用更加生动有趣、贴合学生实际的教学方式。例如，对于喜欢通过游戏和互动来学习中文的学生，教师可以设计更多的课堂活动环节和小组讨论环节；而对于喜欢通过阅读和写作来提升中文水平的学生，教师则可以为其提供更多的阅读材料和写作练习。这种个性化的教学策略不仅能够激发学生的学习兴趣和积极性，还能够促进他们的全面发展和个性成长。

（二）资源分配优化

基于数据分析结果的资源分配优化是确保教学资源均衡分配的关键。学校可以通过合理调配教学资源来满足不同学科、不同年级学生的不同需求，提高教学资源的利用效率。

1. 热门课程与紧缺资源的调配

热门课程与紧缺资源调配是资源分配优化的重点。对于热门课程，学校可以增加课时、扩大教室容量或引入在线教学资源，以满足学生的需求。例如，如果计算机科学课程受到学生的热烈欢迎，但教室容量有限，学校可以考虑增加在线课程或开设夜校课程，以便更多学生能够选修该课程。对于紧缺资源，学校可以通过采购、租赁或共享等方式进行调配。例如，如果实验设备不足，学校可以与其他学校或企业建立合作关系，共享实验设备或共同采购新设备。

2. 个性化资源分配

个性化资源分配是资源分配优化的重要方向。学校可以根据学生的学习数据和能力水平，为他们提供个性化的教学资源。例如，对于英语听说读写能力不均衡的学生，学校可以为其提供针对性的听说读写训练资源和课程。个性化资源分配不仅可以提高学生的学习效果，还可以增强他们的学习动力和自信心。

（三）资源效果评估

资源效果评估是检验教学资源优化配置效果的重要环节。通过收集和分析学生对教学资源的使用情况、反馈意见等数据，学校可以评估资源的使用效果，进而应用评估结果，及时调整资源配置策略。

1. 使用情况数据分析

使用情况数据分析是资源效果评估的基础。学校需要收集学生对教学资源的使用情况数据，包括在线教学资源的访问量、下载量、学习时长等。这些数据能够反映学生对教学资源的使用程度和偏好。例如，如果某个在线课程的访问量和学习时长都较高，那么可以推断出该课程受到了学生的欢迎和认可。相反，如果某个教学资源的使用率较低，那么可能需要对其进行优化或替换。

2. 反馈意见收集与分析

反馈意见收集与分析是资源效果评估的重要组成部分。学校可以通过问卷调查、在线评价、面对面访谈等方式收集学生对教学资源的反馈意见。这些意见能够反映学生对教学资源的满意度。例如，学生可能会对某个教学资源的难度、趣味性、实用性等提出意见和建议，学校则需要对这些意见进行整理和分析，以便及时调整教学资源。

3. 评估结果的应用

评估结果的应用是资源效果评估的最终目的。学校需要根据评估结果，及时调整资源配置策略。例如，对于使用率低、反馈不佳的教学资源，学校可以考虑替换或优化；对于受到学生欢迎和认可的教学资源，学校可以进一步推广和应用。此外，评估结果还可以为教师的教学策略提供指导。例如，如果某个教学资源的使用效果不佳，教师可以考虑调整教学方式或增加辅导时间，以提高学生的学习效果。通过持续的资源效果评估和调整，学校可以不断优化教学资源的配置和使用情况，提高教学质量，优化学生的学习体验。

二、数据驱动的教学资源精准匹配

（一）个性化学习路径推荐

个性化学习路径推荐是数据驱动教学资源精准匹配的重要体现。基于学生的学习数据，如学习进度、能力水平、兴趣偏好、学习目标等，学校可以为学生推荐个性化的学习路径和资源，帮助他们实现高效学习。

1. 学习进度与能力水平分析

学习进度与能力水平分析是个性化学习路径推荐的基础。学校需要收集学生的学习进度数据和能力水平数据，以便了解他们的学习情况和能力水平。例如，通过在线学习平台的数据，学校可以了解学生在各个学科和知识点上的学习进度和掌握程度。同时，学校还可以通过能力测试、作业完成情况等方式评估学生的能力水平。基于这些数据，学校可以为学生制订个性化的学习计划和目标，为他们推荐合适的学习资源和路径。

2. 兴趣偏好与学习目标结合

兴趣偏好与学习目标的结合是个性化学习路径推荐的关键。学校需要了解学生的兴趣偏好和学习目标，以便为他们推荐符合其兴趣和需求的学习资源和路径。例如，对于对数学感兴趣的学生，学校可以为其推荐相关的数学竞赛题目、在线课程或科研项目等资源，激发他们的学习兴趣和动力。同时，学校还需要结合学生的学习目标，为他们制订相应的学习计划和策略。例如，对于准备参加高考的学生，学校可以为其推荐复习资料和高考模拟试题等资源，帮助他们提高考试成绩。

3. 个性化学习路径的生成

个性化学习路径的生成是个性化学习路径推荐的最终环节。学校需要根据学生的学习进度、能力水平、兴趣偏好和学习目标等数据，为他们生成个性化的学习路径和资源推荐。例如，对于数学基础薄弱的学生，学校可以为其推荐从基础概念到复杂应用的学习路径，并生成相应的在线课程、辅导资料和练习题等资源。同时，学校还可以根据学生的反馈和学习情况，动态调整学习路径和资源推荐，以确保学生个性化学习的持续性和有效性。

（二）智能推荐系统

智能推荐系统是数据驱动教学资源精准匹配的重要工具。利用智能推荐系统，学校可以根据学生的学习需求和兴趣偏好，为他们推荐合适的教学资源，提高教学资源的利用效率。

1. 推荐算法的应用

推荐算法是智能推荐系统的核心。学校可以采用协同过滤、内容过滤、基于知识的推荐等算法，为学生推荐合适的教学资源。例如，协同过滤算法可以根据学生的历史学习记录和相似学生的学习行为，为同一群体的学生推荐相似的资源。内容过滤算法可以根据学生的学习内容和兴趣偏好，为他们推荐相关的资源和课程。基于知识的推荐算法则可以根据学生的知识水平和需求，为他们推荐合适的学习路径和资源。

2. 推荐系统的个性化设置

推荐系统的个性化设置是提高推荐效果的关键。学校可以根据学生的个性化需求和偏好，对推荐系统进行相应的设置和调整。例如，学校可以根据学生的学习兴趣和目标，设置推荐系统的过滤条件和排序规则；同时，学校还可以根据学生的学习进度和反馈意见，动态调整推荐系统的参数和策略，以确保推荐的准确性和有效性。

3. 推荐结果的反馈与优化

推荐结果的反馈与优化是智能推荐系统持续改进的重要环节。学校需要收集学生对推荐结果的反馈意见，以便及时调整推荐系统的参数。例如，如果学生对推荐的资源不感兴趣或认为推荐不准确，学校就要对推荐算法进行优化或调整。同时，学校还可以通过分析学生的学习数据和反馈意见，发现学生潜在的学习需求和兴趣点，为推荐系统提供更多有价值的输入信息。通过持续的反馈与优化，学校可以不断提高智能推荐系统的准确性和有效性，为学生提供更加精准和个性化的资源。

（三）动态资源调整

动态资源调整是数据驱动教学资源精准匹配的重要手段。通过实时监控学生的学习进度和反馈意见，学校可以动态调整教学资源的配置和使用，以满足学生的实际需求并提高其学习效果。

1.动态资源调配与优化

动态资源调配与优化是动态资源调整的核心。学校需要根据实时监控和数据分析的结果，动态调整教学资源。例如，当发现某门课程对学生来说学习难度较大时，学校可以及时增加辅导课程或在线答疑时间，帮助学生克服学习困难。当发现某个教学资源的使用效果不佳时，学校可以考虑替换或优化该资源，以提高其利用效率。此外，学校还可以根据学生的学习进度和需求变化动态调整课程设置和教学计划，确保教学内容与学生的实际需求相匹配。

2.学生反馈与持续改进

学生反馈与持续改进是动态资源调整的重要环节。学校需要建立有效的反馈机制，收集学生对教学资源使用情况的反馈意见。这些意见能够帮助学校及时发现教学资源存在的问题和不足，为后续的改进和优化提供指导。同时，学校还需要根据学生的反馈意见和数据分析结果持续优化教学资源的质量和效果。例如，对于反馈不佳的教学资源学校可以进行优化或替换；对于受到学生欢迎和认可的教学资源学校可以进一步推广和应用。通过持续的反馈与改进，学校可以不断提高教学资源的精准匹配度和利用效率，为学生提供更加优质和个性化的教学资源。

三、数据驱动的教学资源高效利用

（一）资源共享与整合

资源共享与整合是数据驱动教学资源高效利用的重要途径。通过建立统一的资源共享平台，学校可以实现教学资源的整合与共享，提高资源的利用效率，扩大资源的覆盖范围。

1.资源共享平台的构建

资源共享平台的构建是资源共享与整合的基础。学校需要建立一个统一的资源共享平台，将不同学科、不同年级、不同形式的教学资源上传至平台供师生共同使用（这个平台可以是一个在线学习平台或教学资源库等形式）。通过对该平台的建设和管理，学校可以实现教学资源的集中存储、分类管理和便捷访问，为师生提供一站式的教学资源服务。

2. 教学资源的整合与分类

教学资源的整合与分类是资源共享与整合的重要环节。学校需要对上传至平台的教学资源进行整合和分类，以便师生能够快速找到所需资源。例如，学校可以按照学科、年级、资源类型等维度对教学资源进行分类管理，建立相应的索引和标签系统。同时，学校还需要对教学资源进行质量评估和筛选，确保上传至平台的教学资源具有较高的质量和实用性。通过整合与分类教学资源，学校可以提高教学资源的利用效率，并扩大其覆盖范围，为师生提供更加便捷和高效的教学资源支持。

3. 跨校与跨区域的资源共享

跨校与跨区域的资源共享是资源共享与整合的高级形式。学校可以与其他学校或教育机构建立合作关系，共同建设和管理资源共享平台，实现跨校和跨区域的资源共享。例如，学校可以与其他学校建立联盟关系，共同开发和分享优质的教学资源，如在线课程、实验设备、教学案例等。通过跨校和跨区域的资源共享，学校可以扩大教学资源的覆盖范围，提高资源的利用效率和质量水平，为师生提供更加丰富和多样的资源。

（二）数据驱动的教学决策

数据驱动的教学决策是数据驱动教学资源高效利用的重要手段。基于数据分析结果，学校可以制定更加科学合理的教学策略，从而提高教学质量和学生的学习效果。

1. 数据分析在教学决策中的应用

数据分析在教学决策中的应用是数据驱动教学决策的基础。学校需要收集和分析学生的学习数据、教学资源使用数据、教学效果评估数据等多维度数据，从而为教学决策提供科学依据。例如，通过分析学生的学习数据，学校可以了解学生的学习进度、能力水平、兴趣偏好等信息，为课程设置和教学计划提供指导；通过分析教学资源使用数据，学校可以了解教学资源的利用效率和存在的问题，为资源优化和配置提供依据；通过分析教学效果评估数据，学校可以了解教学效果和学生的学习成果，为教学策略的调整和改进提供反馈。

2.基于数据的个性化教学策略制定

基于数据的个性化教学策略制定是数据驱动教学决策的重要体现。学校可以根据数据分析结果制定个性化的教学策略，以满足不同学生的学习需求和兴趣偏好。例如，对于数学基础薄弱的学生，学校可以制定具有针对性的辅导教学策略，优化教学资源推荐算法，帮助他们提高数学核心素养。通过制定个性化的教学策略，学校可以提高教学质量和学生的学习效果，实现因材施教的目标。

3.数据驱动的教学管理与评估

数据驱动的教学管理与评估是数据驱动教学决策的重要环节。学校可以利用数据分析技术对教学过程和效果进行实时监控和评估，以便及时发现问题和不足，并采取相应的改进措施。例如，通过分析学生的课堂互动数据和作业完成情况数据，学校可以了解学生的学习状态和学习效果，为教学管理和评估提供依据；通过分析教师的教学行为数据和教学效果评估数据，学校可以了解教师的教学质量和教学中存在的问题，为教师培训和发展提供指导。通过数据驱动的教学管理与评估，学校可以不断优化教学过程并提高教学质量，为师生提供更加优质的服务。

（三）持续的资源优化与更新

持续的资源优化与更新是数据驱动教学资源高效利用的重要保障。通过持续收集和分析学生的学习数据和反馈意见，学校可以不断优化和更新教学资源，以确保其质量和效果满足师生的实际需求。

1.学习数据的持续收集与分析

学习数据的持续收集与分析是持续资源优化与更新的基础。学校需要建立有效的数据收集机制，持续收集学生的学习数据，包括在线学习记录、作业完成情况、课堂互动数据等。同时，学校还需要利用大数据分析技术对这些数据进行深度挖掘和分析，以便及时发现学生的学习问题和需求，以及教学资源存在的问题和不足。例如，通过分析学生的学习进度数据，学校可以发现某些学生在某个学科或知识点上存在学习困难或进度滞后的问题；通过分析教学资源的使用数据，学校可以了解哪些教学资源的利用效率较低或存在质量问题。

2.教学资源的定期评估与优化

教学资源的定期评估与优化是持续资源优化与更新的重要环节。学校需要定期对上传至平台的教学资源进行质量评估和筛选，确保教学资源的实用性和有效性。评估指标可以包括资源的完整性、准确性、时效性、实用性等方面。对于评估结果不佳的教学资源，学校可以采取优化或替换等措施，以提高教学质量和教学效果。同时，学校还可以根据学生的学习需求和兴趣偏好来不断更新和扩展教学资源库，以满足师生的实际需求。例如，学校可以引入新的在线课程、实验设备、教学案例等，以丰富教学资源库的内容和形式；学校还可以根据学生的学习反馈和数据分析结果对现有的教学资源进行优化和改进，以提高教学针对性和实用性。

第三章 大数据技术在国际中文教育中的应用

当今时代，大数据技术可应用在社会各个领域，其为各个领域的发展提供了技术支持。本章主要介绍大数据技术在国际中文教育中的应用，包括大数据技术在国际中文教育中的角色与重要性、数据驱动下的国际中文教学资源优化、数据分析与个性化教学在国际中文教育中的应用等内容。

第一节 大数据技术在国际中文教育中的角色与重要性

本节主要探讨大数据技术在国际中文教育中的角色和重要性，分析其如何改变教学方式、提升教学效果，并阐述其在国际中文教育中的独特价值。

一、大数据技术在国际中文教育中的角色

随着信息技术的迅猛发展，大数据技术已成为当今社会的热门话题。在教育领域，大数据技术正逐渐改变着传统的教学方式，为国际中文教育带来了新的机遇与挑战。作为国际中文教育的重要支撑，大数据技术在该领域中扮演着重要的角色，不仅革新了教学方式，还极大地提升了教学效果。

（一）教学方式的革新者

大数据技术以其强大的数据收集、处理与分析能力，为国际中文教育注入了新的活力。在传统的教学方式中，教师往往依赖于自身的经验和直觉来制订教学计划、安排教学内容，并依据学生的整体表现来评估教学效果。然而，这种方式往往缺乏针对性和个性，难以满足不同学生的学习需求。大数据技术的出现，为

国际中文教学提供了全新的视角和方法。

通过收集和分析学生的学习行为数据，学校能够深入了解学生的学习习惯、兴趣偏好及学习成效。并且，这些数据如同一个个鲜活的"学生画像"，为教师提供了全面而准确的学生信息。基于这些数据，教师可以更加精准地把握每位学生的学习特点和需求，从而制订出更加个性化的教学计划。例如，对于喜欢阅读的学生，教师可以为其推荐更多的中文阅读材料；对于口语表达较弱的学生，则可以优化口语练习环节的教学活动。这种个性化教学方式的出现，不仅极大地提高了教学效率，还使得学生能够更加主动地参与到学习过程中，增强了他们的学习动力。

此外，大数据技术的应用还能够实现教学过程的动态调整。在传统的教学过程中，教学计划一旦制订，往往难以进行大规模的调整。然而，在大数据技术的支持下，教师可以根据学生的学习数据和反馈意见，及时对教学计划进行微调或重构。这种灵活性使得教学更加贴近学生的实际需求，提高了教学的针对性和有效性。

（二）教学效果的提升者

大数据技术的应用不仅革新了教学方式，还使得国际中文教育的教学效果得到了显著提升。在传统的教学方式中，教师往往难以准确把握每位学生的学习难点和薄弱环节，导致教学效果不尽如人意。然而，大数据技术的出现为这一问题提供了有效的解决方案。

通过对学习数据的实时监测和分析，教师可以及时发现学生在学习过程中遇到的困难和挑战。这些数据如同一个个"信号灯"，为教师指明了辅导和干预的方向。例如，当某位学生对某个知识点的掌握程度较低时，教师可以通过数据分析迅速定位到这一问题，并进行讲解。这种及时而精准的辅导方式，能够帮助学生迅速克服学习困难，提高学习效果。

此外，大数据技术还能够对教学效果进行量化评估。在传统的教学过程中，教学效果的评估往往依赖教师的主观判断和学生的考试成绩。然而，这种评估方式往往缺乏客观性和准确性。大数据技术的应用则使得教学效果的评估方式更加科学、客观。通过对学生的学习数据进行深入分析，教师可以了解教学策略的有效性，从而不断优化和调整教学方法。例如，当某种教学方法在提高学生阅读理解能力方面效果不佳时，教师可以根据数据分析结果及时调整教学策略，采用更加有效的教学方法来提高学生的阅读理解能力。

这种基于数据的决策支持，使得国际中文教育更加科学、高效。教师不再仅仅依赖于自身的经验和直觉来制订教学计划，而是根据客观的数据来做出决策。这种决策方式的出现，不仅提高了教学的针对性和有效性，还使得教学更加符合学生的学习需求和特点。进一步来说，大数据技术在国际中文教育中的应用还促进了教学资源的优化配置。在传统的教学过程中，教学资源的分配往往依赖于教师的经验和判断，这种方式往往难以实现教学资源的最大化利用。大数据技术的应用则使得教学资源的分配更加科学、合理。通过对学生的学习数据进行分析，教师可以了解学生对不同教学资源的需求和使用情况，从而根据实际需求来优化教学资源的配置。例如，当某位学生对某个主题的教学内容特别感兴趣时，教师可以为该学生提供更多与之相关的资源，以满足其学习需求。这种优化教学资源配置的方式，不仅提高了教学资源的利用效率，还使得学生能够更加充分地利用教学资源来提高自己的学习效果。

值得一提的是，大数据技术在国际中文教育中的应用还面临着一些挑战和问题。例如，如何保护学生的隐私和数据安全是一个亟待解决的问题。在收集和分析学生的学习数据时，教师必须严格遵守相关法律法规和隐私政策，确保学生的个人信息不被泄露或滥用。同时，教师还需要不断提高自己的数据素养和分析能力，以更好地利用大数据技术来优化教学过程，进而提高教学效果。

综上所述，大数据技术在国际中文教学中扮演着重要角色，它不仅革新了教学方式，实现了个性化教学；还极大地提升了教学效果，使得教学更加科学、高效。

二、大数据技术在国际中文教育中的重要性

在经济全球化浪潮席卷全球的今天，国际中文教育正面临着前所未有的挑战与机遇。随着全球经济的深度融合和文化交流的日益频繁，中文作为国际交流的重要工具，其地位和作用愈发凸显。然而，如何在经济全球化背景下有效提升国际中文教育的质量和效率，满足全球各地学生的多元化需求，成了一个亟待解决的问题。大数据技术的出现，为国际中文教育的发展带来了新的契机，其在国际中文教育中的重要性不言而喻。

（一）适应经济全球化发展趋势，提升国际中文教育的影响力与竞争力

经济全球化的发展趋势要求国际中文教育必须打破地域限制，实现全球范围内的资源共享与协作。传统的教学方式往往受限于地理位置和师资力量，难以满

足全球各地学生的需求。而大数据技术则以其强大的数据收集、处理与分析能力，为国际中文教育提供了打破跨越地域限制的方案。

通过大数据技术，我们可以轻松收集并分析全球各地学生的学习数据，包括他们的学习需求、学习习惯、学习成效等。这些数据如同宝贵的"矿藏"，为我们揭示了不同国家和地区学生的学习特点和差异。基于这些数据，我们可以为国际中文教育提供更加精准和个性化的服务。例如，针对亚洲学生的学习特点，我们可以设计更加注重汉字书写和语法练习的教学内容；而针对欧美学生的学习需求，我们则可以增加更多关于中国文化和历史背景的介绍。这种精准化的教学策略，不仅提高了教学的针对性和有效性，还极大地提升了国际中文教育的影响力与竞争力。

与此同时，大数据技术还促进了全球范围内的教学资源共享与协作。通过构建国际中文教育的在线平台和数据库，我们可以将全球各地的优质教学资源进行整合和共享，使得世界各地的学生都能够享受到高质量的中文教育。同时，大数据技术还支持教师之间的在线协作和交流，实现了教学方法和经验的共享，提高了整体的教学水平。

（二）深度挖掘学习数据，实现个性化学习

个性化学习是国际中文教育的重要目标之一，也是提高教学效果和学习满意度的关键所在。然而，在传统教学过程中，教师往往难以准确把握每位学生的学习需求和特点，导致教学缺乏针对性和有效性。大数据技术的出现，为学生实现个性化学习提供了强有力的支持。

通过对学生学习数据的深度挖掘和分析，大数据技术能够揭示学生的学习规律和潜在需求。这些数据包括学生的学习进度、学习时间、学习成果、学习兴趣等多个方面，为教师提供了全面而准确的学生信息。基于这些数据，教师可以为每位学生制订合适的学习计划，提供个性化的学习资源。例如，对于学习进度较快的学生，教师可以为他们提供更高难度的学习内容和资源；而对于学习进度较慢的学生，教师则可以给予更多的辅导和支持，帮助他们克服学习困难。这种个性化的教学方式，不仅满足了学生的学习需求，还极大地激发了他们的学习兴趣和潜能。在个性化学习环境下，学生能够更加主动地参与到学习过程中，发挥自己的优势和特长，实现自我价值的最大化。同时，个性化学习还可以提高学生的学习效果，使得他们能够更加深入地理解和掌握中文知识，为未来的学习和生活打下坚实的基础。

大数据技术不仅实现了个性化学习，还促进了教学方式的创新与发展。在传统的教学方式中，教师往往采用"一刀切"的教学策略，难以兼顾每位学生的学习需求。而在大数据技术的支持下，教师可以尝试采用多种教学方式，如翻转课堂、在线学习、合作学习等，以满足不同学生的学习需求。这种教学方式的创新与发展，不仅使得教学更加生动有趣，还提高了学生的学习积极性和参与度。

（三）关注教育公平，缩小教育差距

教育公平是社会公平的重要组成部分，也是国际中文教育必须关注的重要问题。然而，由于地区、经济、文化等多方面的差异，教育差距往往难以避免。在此背景下，大数据技术的出现为我们促进教育公平、缩小教育差距提供了新的思路和方法。

通过收集和分析不同地区、不同背景学生的学习数据，学校能够了解他们在学习过程中的差异和困难。并且，这些数据也为我们揭示了出现教育差距的原因及其具体表现，为我们制定针对性的教学措施提供了有力的依据。基于这些数据，教育机构和教师可以采取有针对性的措施，为弱势群体提供更多支持和帮助。例如，对于经济条件较差的学生，学校可以提供经济援助和奖学金，减轻他们的经济负担；对于学习资源匮乏的地区，学校可以通过网络教学和远程教育，将优质的教学资源输送到这些地方。

这种基于大数据技术的教育公平策略，不仅有助于缩小教育差距，还促进了教育的均衡发展和社会的和谐稳定。在大数据技术的支持下，我们可以更加精准地识别和解决一些教育不公平的问题，为每个学生提供平等的受教育机会和相关资源。这种教育公平的实现，不仅有助于提高教育界整体的教育水平，还促进了社会的公平和正义。

此外，大数据技术在促进教育公平的过程中，还强调了教师的角色和责任。教师是教育公平的实现者和推动者，他们的教学态度和方法直接影响教育公平的实现。在大数据技术的支持下，教师可以更加深入地了解学生的学习需求和特点，为他们提供更加个性化的教学服务和支持。同时，教师还可以通过网络教学和远程教学等方式，将优质的教学资源输送到偏远地区和经济欠发达地区，为这些地区的学生提供更多的学习机会和资源。

综上所述，大数据技术在国际中文教育中扮演着至关重要的角色。它不仅适应了经济全球化的趋势，提升了国际中文教育的国际影响力和竞争力；还实现了

个性化学习，提高了教学效果；更缩小了教育差距，促进了教育的均衡发展和社会的和谐稳定。

第二节 数据驱动下的国际中文教学资源优化

数据驱动技术为国际中文教学资源的优化提供了有力支持。利用数据分析技术来识别教学资源需求、评估教学资源有效性，以及根据数据反馈调整和改进教学资源，可以显著提升国际中文教育的质量和效率。未来，随着技术的不断进步和应用场景的不断拓展，数据驱动技术将在国际中文教育领域发挥更加重要的作用。

一、利用数据分析技术识别教学资源需求

数据驱动技术能够通过对大量学习数据的收集与分析，精准识别国际中文教育中学生的实际需求。这些需求可能涉及学习内容、学习风格、学习进度等多个方面。例如，通过分析学生在在线学习平台上的行为数据（点击率、停留时间、完成率等），教师可以了解哪些教学内容更受欢迎，哪些部分的学习内容对学生来说有学习难度。此外，教师还可以通过问卷调查、社交媒体分析等方式，进一步获取学生的偏好和反馈，为教学资源的开发与优化提供科学依据。

二、评估教学资源有效性

在识别教学资源需求的基础上，数据驱动技术还能用于评估现有教学资源的有效性。通过对学生学习成果、测试成绩、反馈意见等数据进行分析，学校可以客观评价教学资源的质量和效果。例如，可以利用机器学习算法对大量测试数据进行挖掘，识别出哪些教学资源对提高学生成绩有显著作用，哪些资源可能存在不足。这种基于大数据技术的评估方式不仅客观准确，还能为教学资源的持续改进提供有力支持。

三、根据数据反馈调整和改进教学资源

在识别教学资源需求和评估其有效性后，数据驱动技术还能帮助教师和教育机构根据数据反馈调整和改进教学资源。具体来说，可以根据学生的学习进度和

成绩变化，动态调整教学内容的难易程度和教学进度；根据学生的反馈意见，优化教学资源的呈现方式和互动设计；根据市场需求和行业趋势，不断更新和拓展教学资源的内容和形式。例如，一些国际中文教育机构利用大数据技术分析学生的学习行为和成绩数据，为不同水平的学生提供个性化的学习路径和资源，有效提高了学生的学习效果和满意度。

尽管数据驱动技术在国际中文教学资源优化方面展现出巨大潜力，但在实际应用过程中仍面临一些挑战。例如，数据隐私和安全问题、数据质量和准确性问题、教师数据素养问题等。为了应对这些挑战，需要采取以下对策：一是加强数据隐私和安全保护机制；二是提高数据收集和处理的技术水平；三是加强对教师数据素养的培训和教育；四是建立跨部门、跨领域的数据共享和协同机制。

第三节　数据分析与个性化教学在国际中文教育中的应用

一、数据收集与分析应用

随着信息技术的飞速发展，教育领域已经积累了大量的数据。通过大数据和人工智能技术的应用，我们可以对这些数据进行深入挖掘和分析，揭示学生的学习行为、学习习惯、学习难点等信息。例如，通过分析学生在阅读理解测试中的答题情况，教师可以评估其阅读能力，发现其阅读中存在的问题；通过分析学生的作文成绩和写作表现，教师可以评估其写作水平，分析其写作习惯和难点。这些数据的收集与分析为个性化教学提供了坚实的基础。

（一）数据收集方法

数据收集是大数据驱动下国际中文教育中的一个重要环节。它为后续的数据分析、教学优化和效果监测奠定了基础。在国际中文教育中，数据收集的对象主要包括学生的行为数据、学习过程数据和学习效果数据。

学生行为数据是指学生在学习过程中产生的各种行为数据，如登录频率、学习时长、学习资源的点击量、作业完成情况等。这些数据能够真实地反映学生的学习状态和学习习惯，为教师制定有针对性的教学方法提供依据。在实际教学中，教师可以通过学习平台的后台管理系统、学生的移动终端等渠道收集这些数据。

学习过程数据是指学生在学习过程中产生的各种过程性数据，如学习笔记、讨论区发言、课堂互动情况等。这些数据能够深入反映学生的思维活动和认知发展规律，为优化教学设计提供参考。在实际教学过程中，教师可以通过学习平台的讨论区、在线笔记、课堂录屏等功能收集这些数据。

学习效果数据是指学生在学习过程中取得的各种学习成果数据，如测验成绩、作业评分等。这些数据能够直观地反映学生的学习效果和知识掌握情况，为评估教学质量提供量化指标。在实际教学中，教师可以通过学习平台的在线测评、作业批改等模块收集这些数据。

在数据收集的过程中，需要注意以下几点。第一，数据收集要全面系统。要从学生行为、学习过程、学习效果等多个维度收集数据，避免片面性和局限性。第二，数据收集要合规合法。要充分尊重学生的隐私权和知情权，严格遵守相关法律法规。第三，数据收集要标准规范。要制定统一的数据收集标准和规范，确保数据的准确性、一致性和可比性。第四，数据收集要与教学目标相匹配。要根据教学目标的要求，有针对性地收集与之相关的数据，避免无效数据的干扰。第五，数据收集要注重及时反馈。要及时将收集到的数据反馈给教师和学生，促进教与学的优化发展。

数据收集方法的选择要综合考虑数据的类型、数据量、收集成本等因素。常用的数据收集方法包括以下几种。

①学习平台的后台数据采集。利用学习平台自带的数据采集功能，自动记录学生的各种学习行为和学习过程数据。这种方法效率高、成本低，但受平台功能的限制。

②学生移动终端的数据采集。借助学生的移动设备（如手机、平板电脑）上的软件或者浏览器插件来记录学生的学习行为和学习过程数据。这种方法覆盖面广、实时性强，但需要学生的配合和授权。

③传统的问卷调查法。让学生填写并提交调查问卷，收集学生的主观感受和反馈意见。这种方法针对性强、数据丰富，但效率较低，且存在数据失真的风险。

④数据挖掘与智能分析。对学习平台和学习资源中的文本、图片、视频等非结构化数据进行智能挖掘和分析，提取有价值的信息。这种方法能够发现学生不同阶段学习成果之间隐藏的关系，但对技术要求较高。

在实际教学中，教师可以根据实际情况，灵活选择和组合使用不同的数据收集方法，构建多元化的数据收集渠道。同时，要不断优化数据收集的策略和技术，提高数据收集的效率和质量。只有建立起完善的数据收集机制，才能为大数据驱动的国际中文教育提供坚实的数据基础，推动教学模式的变革和优化。

数据收集是大数据驱动的国际中文教育的起点和基础。高质量的数据收集需要教师具备数据意识和数据素养，需要学生的积极配合和授权，更需要学校和教育主管部门的政策支持和制度保障。在数据收集的过程中，要始终坚持育人为本、数据为用的原则，切实保障学生的合法权益，提升国际中文教育的信息化水平和教学质量。只有建立起全面系统、合规合法、标准规范的数据收集机制，大数据才能真正成为提升国际中文教育教学效果的"金钥匙"，为培养国际化的人才贡献力量。

（二）数据分析工具

数据分析工具在国际中文教育中发挥着越来越重要的作用。随着大数据时代的到来，海量的学生行为数据为教学优化提供了宝贵的素材，但如何从浩如烟海的数据中提炼出有价值的信息，并将其应用于教学实践，是摆在每一位教师面前的重大课题。

现代数据分析工具以其强大的数据处理能力和可视化呈现方式，为教师解决这一难题提供了有力支持。通过使用编程语言，教师可以快速对学生的行为数据进行清洗、整合和分析。而智能软件的使用则能够将复杂的数据转化为直观、易懂的图表和报告，帮助教师洞察学生的学习特点和规律。

在国际中文教育的语言教学领域，数据分析工具的应用前景尤为广阔。通过分析学生在词汇学习、语法练习、阅读、听力等方面的数据表现，教师可以精准把握学生的学习难点和薄弱环节，从而有针对性地调整教学策略和内容。同时，数据分析还能帮助教师发现学生的学习兴趣和学习习惯，为因材施教提供科学依据。

在教学资源优化方面，数据分析工具同样大有可为。通过跟踪分析学生对不同教学资源的使用情况，教师可以甄别出受欢迎、有助于提升语言能力的优质资源，并不断完善资源库的建设。数据驱动的资源更新机制可以提高教学资源的利用效率和针对性，让每一份资源都物尽其用。

此外，借助数据分析工具实现的实时监测和反馈，能够大大提升教学的时效性和灵活性。教师可以通过数据掌握学生的实时学习状态，并根据反馈及时调整教学节奏和深度。这种动态的教学调整方式不仅能够提高课堂效率，更能激发学生的参与热情，增强其获得感和成就感。当然，在运用数据分析工具的过程中，教师还需要注意一些问题。一是数据安全和隐私保护，教师要严格遵守相关法规，确保学生信息的机密性。二是数据分析能力的提升，教师需要不断学习新工具的使用方法，提高数据解读和应用的水平。三是人工智能技术的运用，如何将机器学习、自然语言处理等前沿技术与教学实践深度融合，是值得教师深入探索的课题。

总之，数据分析工具给国际中文教育带来了新的机遇和挑战。教师应该积极拥抱大数据时代，充分利用数据分析工具优化教学、精准施策，不断提升育人质量；通过数据赋能，使国际中文教育焕发新的生机与活力，培养出更多热爱中华文化、语言能力出众的国际化人才。这既是每一位教师的责任所在，也是国际中文教育事业发展的必由之路。

（三）数据应用场景

大数据技术与国际中文教育相结合，为教学实践带来了新的可能，而数据应用场景正是实现二者深度融合的关键。

首先，在教学过程监测方面，大数据技术可以实时采集课堂教学数据，如学生的课堂参与度、教师的教学行为等，通过数据挖掘和分析，及时发现教学中存在的问题，为教学改进提供依据。例如，教师可通过分析学生的课堂互动数据，了解学生对教学内容的掌握程度，进而调整教学进度和难易程度。

其次，在学习效果评估方面，大数据技术可以多维度、动态地评估学生的学习效果。传统的评估方式往往局限于期末考试，难以全面反映学生的学习状况。而利用大数据技术，就可以综合考虑学生的课堂表现、作业完成情况、在线学习行为等多方面数据，构建更加科学、客观的评估体系。通过对学习过程数据的深入分析，教师还能发现学生在学习中遇到的共性问题，为个性化教学提供参考。

再次，在教学资源推荐方面，大数据技术可以根据学生的学习特点和需求，智能推荐个性化的教学资源。通过分析学生的学习行为数据，如学习兴趣、学习风格等，系统可以自动为学生匹配合适的学习材料，提高其学习效率。同时，基于大数据技术的资源推荐功能还能促进优质教学资源的共享，打破时空限制，为学生提供更加丰富多元的学习选择。

最后，在教学决策支持方面，大数据技术可以为管理者提供科学依据。通过对教学过程数据的宏观分析，管理者能够洞察教学现状，把握教学规律，进而制订合理的教学计划和发展规划。例如，通过分析不同教学模式的效果数据，管理者可以确定最优的教学组织形式；通过分析学生的学业发展数据，教师可以预测学生的发展趋势，提前进行教学干预。

二、数据驱动下的个性化教学计划制订要求

在国际中文教育领域，个性化教学已经成为提升学生学习效果和学习满意度的关键策略。它不仅关注学生的学习需求和能力水平，还致力于激发学生的学习兴趣和积极性，它通过定制化的教学内容和方法，为每位学生提供了适合他们的学习路径。

（一）需要满足学生的个性化需求

在传统的教学模式中，教师往往采用"一刀切"的教学方法，忽视了学生之间的个体差异。然而，每个学生都是独一无二的个体，他们在学习能力、兴趣偏好、学习习惯等方面存在显著差异。个性化教学针对这一现状，通过深入了解每位学生的学习需求和能力水平，为教师提供了个性化的教学方案。

首先，个性化教学能够帮助学生克服学习难点。在传统教学中，教师往往难以顾及所有学生的学习进度和理解程度，导致部分学生难以跟上教学节奏。而个性化教学则通过数据分析技术，精准识别每位学生的学习难点和薄弱环节，为他们提供具有针对性的辅导和练习。例如，对于语法掌握较弱的学生，教师可以设计专门的语法训练课程，通过强化练习和个性化辅导，帮助他们逐步克服语法学习困难，提高其语言表达能力。

其次，个性化教学能够激发学生的学习兴趣和积极性。在传统教学中，学生往往被动接受知识，缺乏主动参与和积极探索的机会。而个性化教学则通过丰富多样的教学内容和方法，激发了学生的学习兴趣和好奇心。例如，教师可利用虚拟现实和增强现实技术，为学生提供更加生动、直观的学习体验；通过游戏化学习的方式，将学习过程转化为有趣的游戏挑战，让学生在轻松愉快的氛围中掌握知识和技能。

最后，个性化教学能够培养学生的自主学习能力和创新能力。在传统教学中，学生往往依赖教师的指导和讲解，缺乏独立思考和解决问题的能力。而个性化教学则鼓励学生主动探索和发现知识，培养他们的自主学习能力和创新思维。例如，教师可以设计一些开放性的学习任务和项目，让学生自主选择研究方向和解决问题的方法，通过实践操作和团队合作，培养他们的创新思维和团队协作能力。

（二）应提高学习的趣味性和互动性

个性化教学不仅关注学生的学习需求和能力水平，还注重提高学习的趣味性和互动性。在传统教学中，学生往往会感到枯燥乏味，缺乏学习的动力和兴趣。而个性化教学则通过丰富多样的教学内容和方法，使学习过程变得生动有趣，提高了学生的参与度和互动性。

首先，个性化教学可以引入多样化的教学资源。在传统教学中，教学资源往往局限于教材和教辅资料，缺乏多样性和创新性。而个性化教学则可以利用互联网和多媒体技术，在课堂上引入丰富多样的教学资源，如在线课程、电子图书、视频教程等。这些教学资源不仅内容丰富、形式多样，还可以根据学生的兴趣和需求进行个性化推荐，提高了教学内容的吸引力。

其次，个性化教学可以采用多样化的教学方法。在传统教学中，教师往往采用讲授法、讨论法等单一的教学方法，缺乏创新性和灵活性。而个性化教学则可以根据学生的特点和需求，采用多样化的教学方法，如情境教学、项目式学习、翻转课堂等。这些教学方法不仅能够激发学生的学习兴趣和积极性，还能够提高他们的实践能力并优化他们的创新思维。

最后，个性化教学可以加强师生之间的互动和沟通。在传统教学中，师生之间的互动往往局限于课堂提问和课后辅导，缺乏深入交流和有效反馈。而个性化教学则可以通过在线学习平台、社交媒体等渠道，加强师生之间的互动和沟通。教师可以及时了解学生的学习进度和反馈意见，为他们提供个性化的指导；学生也可以随时向教师提问和求助，获得及时的帮助和解答。这种互动和沟通不仅能够提高教学效果，还能够增进师生之间的情感关系。

（三）应促进学生在中文学习方面全面发展

个性化教学不仅关注学生的学习效果和其对教学的满意度，还致力于促进学生全面发展。通过定制化的教学内容和方法，个性化教学能够培养学生的语言综合运用能力、跨文化交际能力、批判性思维能力等综合素养，为他们的未来发展奠定坚实的基础。

首先，个性化教学能够培养学生的语言综合运用能力。传统教学往往注重学生语言知识的记忆和应试技巧的训练，忽视了对学生语言综合运用能力的培养。而个性化教学则通过丰富多样的语言实践活动和任务型教学方式，培养了学生的语言综合运用能力。例如，教师可以设计一些口语交流任务、写作练习项目等，让学生在实践中运用所学知识，提高语言表达和沟通能力。

其次，个性化教学能够培养学生的跨文化交际能力。随着经济全球化的深入发展，跨文化交际能力已经成为国际人才的重要素养之一。个性化教学通过引入跨文化交际的内容和方法，如文化对比、国际交流项目等，培养了学生的跨文化交际能力。例如，教师可以组织学生进行国际文化交流活动，让他们了解不同国家的文化背景和风俗习惯，提高学生跨文化沟通和理解能力。

最后，个性化教学能够培养学生的批判性思维能力。在传统教学中，学生往往被动接受知识，缺乏独立思考的机会，批判性思维能力较弱。而个性化教学则通过引导学生主动探索和发现知识，培养了他们的独立思考能力和批判性思维能力。例如，教师可以设计一些开放性的学习任务和项目，让学生自主选择研究方向和解决问题的方法，通过实践操作和团队合作，培养他们的创新思维和批判性思维能力。

三、个性化教学对学习效果的提升

（一）学习成效显著提高

近年来，随着教育理念的不断进步和教学手段的日新月异，个性化教学方案在国际中文教育领域逐渐崭露头角，并以其显著的学习成效赢得了广泛赞誉。

多项研究表明，在国际中文教育中接受个性化教学方案的学生，其学习成效相较于传统教学方式有着显著提升。这些研究不仅覆盖了较多的地域，还涉及了不同年龄层次、学习背景和文化背景的学生群体，从而确保了研究结果的普遍性和可靠性。例如，有研究发现，在某些知名的国际中文教育机构中，通过实施个性化教学方案，学生在汉字书写、口语表达和阅读理解等核心技能上均取得了令人瞩目的进步。使学生获得这些核心技能是国际中文教育的重要教学目标，对于提高学生的语言综合运用能力和跨文化交际能力至关重要。

个性化教学的核心在于其"个性化"的特质，即根据每位学生的独特需求和学习特点来量身订制教学计划。这一理念的实施，离不开对学生学习难点、兴趣点及文化背景的深入分析。通过全面的学情评估，教师能够准确把握每位学生的学习状况，从而制订出既符合教学要求，又能够激发学生学习兴趣和动力的个性化教学计划。这种教学计划不仅注重知识的传授，更强调能力的培养和情感的激发，使得学生的学习过程更加高效、有趣且富有成效。

在实施个性化教学的过程中，教师充分利用了现代科技手段，如智能教学系统、在线学习资源等，为学生提供了丰富多样的学习材料和互动方式。这些科技手段不仅提高了教学的便捷性和灵活性，还使得个性化教学更加精准、高效。例如，通过智能教学系统，教师可以实时跟踪学生的学习进度并了解学生的反馈意见，及时调整教学计划；而学生也可以根据自己的学习需求和兴趣，选择适合自己的学习资源和难度级别，从而实现真正的自主学习和个性化发展。

虽然具体的研究数据可能因研究机构、方法和样本选择的不同而有所差异，但个性化教学在国际中文教学中的有效性已经得到了广泛认可。这一结论不仅基于大量实证研究的支持，还得到了教育界、学术界的普遍认同。个性化教学以其独特的教学理念和方法，为国际中文教育注入了新的活力和动力，推动了教学质量的全面提升。更为重要的是，这种个性化教学方式还激发了学生的创新思维和跨文化交际能力，使得他们在学习中文的同时，也能够更好地理解和融入中国文化，成为具有国际视野和跨文化交流能力的复合型人才。

（二）学习满意度提升

在教育领域，学习成效的提升固然重要，但学生的学习满意度和幸福感同样不容忽视。近年来，个性化教学以其独特的教学理念和方法，不仅显著提高了学生的学习成绩，更在提升学生学习满意度和幸福感方面发挥着巨大作用。

一项针对中国某大学的大规模调查显示，接受个性化教学方案的学生有更高的学习满意度。学生普遍反映，个性化教学使他们受到了前所未有的重视和理解。在传统的教学模式中，教师往往难以兼顾每位学生的个性和需求，而个性化教学则通过深入分析学生的学习特点、兴趣偏好及文化背景，为他们量身订制了符合其特点的教学计划。这种教学方式不仅使教学内容和方法更加贴近学生的实际需求和兴趣，还极大地激发了他们的学习动力，并提升了他们的参与度。

个性化教学之所以能够在提升学习满意度方面取得如此显著的效果，与其在提升学生学习体验感方面的独到之处密不可分。个性化教学倡导灵活多样的教学方式和丰富多元的学习资源，为学生提供了一个更加开放、包容且充满活力的学习环境。以国内某大学为例，该校在个性化教学实践中引入了在线学习平台、智能辅导系统等先进技术。这些技术的运用，不仅使得教学过程更加便捷、高效，还极大地丰富了学生的学习资源和互动方式。学生可以在轻松愉快的氛围中通过视频课程、在线讨论、智能测评等多种形式，自由地探索知识、提升能力。这种积极的学习体验，不仅增强了学生的学习自信心和成就感，还对他们的心理健康和全面发展产生了积极的影响。

值得注意的是，个性化教学在提升学生学习满意度和幸福感的同时，也促进了教育公平的实现。在传统教学模式中，由于学生个体差异的存在，部分学生可能难以适应统一的教学进度和难度，从而导致学习效果存在差异。而个性化教学则通过精准识别每位学生的学习需求和难点，为他们提供了个性化的辅导和支持。这种教学方式不仅使每个学生都能取得进步，还缩小了学习效果的差距，促进了教育公平的实现。

综上所述，个性化教学在提升学生学习效果方面的优势已经得到了充分的验证。这些优势不仅体现在学习成效的提高上，更体现在学生学习满意度和幸福感的显著提升上。这些研究成果不仅为教师提供了宝贵的实践指导，也为未来教育改革和创新指明了方向。随着大数据、人工智能等先进技术的不断发展，个性化教学将在更多的领域中推动国际中文教育质量的全面提升。

第四章　大数据驱动下国际中文智慧教育课程架构

随着信息技术的飞速发展，大数据技术已成为推动教育变革的重要力量。本章主要介绍大数据驱动下国际中文智慧教育课程架构，包括课程设计原则、数据分析与课程优化、教学工具的集成等内容。

第一节　课程设计原则

在大数据背景下，构建和优化国际中文智慧教育课程架构，首先需要明确课程设计的基本原则。这些原则将指导整个课程架构的构建和优化过程，确保课程能够适应大数据环境的需求，并有效提升教学效果。

一、以学生为中心的设计理念

在大数据技术的支持下，以学生为中心的设计理念得到了前所未有的强化和实现。这一理念强调课程设计应紧密围绕学生的实际需求和学习特点展开，确保每个学生都能在课程中获得适合自己的学习体验。

（一）个性化学习路径定制

大数据技术使得国际中文教育在设计课程时更加关注学生的个体差异，通过分析学生的学习习惯、兴趣偏好、能力水平等数据，智慧教育平台可以为每个学生量身订制学习计划。例如，平台可以记录并分析学生在不同学习模块上的停留时间、互动频率、完成度等指标，从而判断学生对特定知识点的掌握情况和学习兴趣。基于这些分析，平台能够智能推荐适合学生的学习材料和练习题，帮助他们巩固薄弱环节、探索自己感兴趣的内容。这种个性化的学习路径定制，不仅能够提高学生的学习效率，还能激发他们的学习兴趣。

个性化学习路径定制还可以结合学生的即时反馈进行动态调整。例如，当平台检测到学生在某个难点上反复出错时，可以自动增加相关练习题或引入微课视频进行深入讲解，直至学生完全掌握。这种即时反馈和精准辅导的机制，能够显著提升学生的学习成效和自信心。

（二）学习效果实时反馈与调整

基于大数据技术的智慧教育平台能够实时收集学生的学习数据，包括作业完成情况、测试成绩、在线互动等，这些数据为教师提供了全面了解学生学习状况的途径，也为国际中文智慧教育课程设计提供了参考。通过对这些数据的深入分析，教师可以及时发现学生学习中存在的问题和困难，从而迅速调整教学策略，为学生提供更有针对性的指导和帮助。

例如，如果平台发现某班级的学生在语法练习上普遍表现不佳，教师可以及时调整教学计划，增加语法讲解的课时或引入更多互动式的语法练习，以帮助学生更好地掌握这一知识点。同时，教师还可以通过数据分析了解学生在不同学习阶段的表现变化，识别出学习成效显著或学习进度滞后的学生群体，进而采取差异化的辅导措施。

对于学生而言，实时反馈机制同样重要。他们可以通过查看自己的学习数据报告，了解自己在各个学习模块上的表现，从而更加自主地规划学习路径和目标。这种反馈机制可以培养学生的自主学习意识和责任感。

（三）自主学习能力培养

在大数据环境下，学生需要具备自主学习的能力，以便在海量信息中筛选和获取知识。因此，课程设计应注重培养学生的自主学习能力，通过提供丰富的学习资源和工具，引导学生学会如何利用这些资源进行自主学习。

一方面，课程设计可以引入在线课程、电子图书馆、学习社区等平台，让学生可以根据自己的兴趣和需求选择学习内容。这些平台通常具备智能推荐功能，能够根据学生的历史学习数据和兴趣偏好，为他们推送相关的学习资源和活动。另一方面，课程设计还可以设置一系列自主学习任务和挑战，鼓励学生主动探索未知领域，培养他们的批判性思维和解决问题的能力。

例如，教师可以布置一项关于中国传统节日的研究任务，要求学生通过在线平台收集信息、分析数据并撰写报告。在这个过程中，学生需要自主选择合适的资源，设计研究方案，整理分析数据并得出结论。这种综合性的自主学习任务，不仅能够提升学生的信息素养和研究能力，还能增强他们的学习成就感和自信心。

二、跨文化交际能力培养

国际中文教育的目标是培养具有跨文化交际能力的国际人才。在大数据时代背景下，跨文化交际能力的培养显得尤为重要。通过课程设计中的多元文化认知与尊重、跨文化交流技能提升和全球化视野拓展等环节，可以有效培养学生的跨文化交际能力。

（一）多元文化认知与尊重

课程设计应注重培养学生对多元文化的认知并使其学会如何尊重多元文化。教师可通过介绍不同国家和地区的文化背景、价值观念、社会习俗等内容，引导学生理解并尊重不同文化之间的差异性和多样性。同时，也可以利用大数据技术分析不同文化背景下学生的学习行为和偏好，为跨文化教学提供数据支持。

例如，在课程设计中可以融入世界各地的文化元素和历史故事，让学生在学习中文的同时了解不同文化的特点和魅力；对比分析不同文化背景下的语言使用习惯和交际规范，帮助学生更好地适应多元文化的交际环境。此外，教师还可以利用大数据技术分析学生在跨文化交流中的表现和反馈，发现他们在文化认知上的盲点和误区，从而进行有针对性的引导和纠正。

（二）跨文化交流技能提升

课程设计应包含丰富的跨文化交流实践活动，如模拟国际会议、文化交流项目等，让学生在实践中提升跨文化交流技能。这些活动可以模拟真实的跨文化交流场景，让学生在与不同文化背景的人进行互动的过程中，锻炼自己的语言表达能力、思维逻辑能力和人际交往能力。

例如，在模拟国际会议中，平台可以记录并分析学生的发言内容、语音语调、肢体语言等信息，评估他们的跨文化交流能力。基于这些数据，教师可以为学生提供具有针对性的建议，帮助他们改进自己的表达方式和交际策略。

（三）全球化视野拓展

在大数据时代背景下，课程设计应注重培养学生的全球化视野。通过引入国际热点话题、全球性问题等内容，教师可引导学生关注全球发展趋势和挑战，培养他们的国际意识和责任感。同时，也可以利用大数据技术分析全球范围内的国际中文教育资源和信息，为学生提供更广阔的学习视野和机会。

例如，可以在课程设计中融入关于全球气候变化、国际贸易关系、科技发展等热点话题的讨论和分析，让学生在学习中文的同时了解全球性的问题；通过对比分析不同国家和地区的应对策略和成效，培养学生的全球视野和批判性思维能力。

三、适应学生的个性化需求

不同学生的背景、能力和需求各不相同，因此课程设计需要具备高度的灵活性和可定制性，以适应不同学生的个性化需求。

（一）学习风格识别与匹配

基于客观因素的影响，每个人的学习风格都有所不同，有的人喜欢通过阅读来学习，有的人则更喜欢通过实践来掌握知识。课程设计应能够识别学生的学习风格，并为他们提供相应的学习资源。

例如，对于喜欢视觉学习的学生，可以为其提供丰富的图表和视频等多媒体学习资源；对于喜欢动手实践的学生，则可以设置更多的实验和实践活动。通过大数据技术分析学生的学习行为和偏好，平台可以自动识别学生的学习风格，并为他们推荐合适的学习资源和活动。这种个性化的学习体验能够激发学生的学习兴趣和动力，提高他们的学习效果和满意度。

（二）学习进度自主控制

基于大数据技术，在国际中文教育中，学生可以更加自主地控制自己的学习进度。课程设计应为学生提供多样化的学习路径和选择，让学生可以根据自己的实际情况和时间安排来选择适合自己的学习内容和节奏。

例如，可以设置不同的课程模块和单元，让学生根据自己的兴趣和能力来选择学习的顺序和深度。同时，平台还可以根据学生的学习进度和知识掌握情况，智能调整学习任务的难度和数量，确保学生在适合自己的节奏下进行学习。这种自主控制学习进度的机制能够提升学生的学习自主性和灵活性，帮助他们更好地平衡学习和生活。

（三）多元化学习资源与学习工具

为了满足不同学生的个性化需求，课程设计应为其提供多元化的学习资源和学习工具，如在线课程、电子书籍、学习软件、虚拟实验室等。同时，智慧教育平台可以利用大数据技术分析学生的学习数据和偏好，为他们推荐适合自己的学习资源和工具。

例如，平台可以根据学生的阅读习惯和兴趣偏好，为他们推荐相关的电子书籍和在线课程；可以根据学生的学习进度和掌握情况，为他们提供个性化的学习建议和辅导资源。多元化的学习资源和学习工具能够帮助学生更好地适应自己的学习需求和发展目标，提升他们的学习成效和竞争力。

第二节　数据分析与课程优化

一、数据收集与清洗技术

（一）数据来源选择

数据来源的选择是国际中文智慧教育课程在大数据驱动下进行优化的首要环节和基础保障。科学、合理的数据来源能够为后续的数据分析、挖掘和应用提供高质量的原始材料，从而确保课程优化的针对性和有效性。

在选择数据来源时，需要充分考虑数据的代表性、真实性、时效性等因素。具体而言，国际中文智慧教育课程优化所需的数据应该涵盖学生的基本信息、学习行为、学习效果等多个维度，全面反映学生的实际学习状况。这些数据通常来自学习管理系统、在线学习平台、智慧教室等多种渠道，一般通过用户注册、学习记录、测评结果等形式自动采集和存储。

值得注意的是，除了结构化的数据，非结构化数据也是国际中文教育课程优化所需的重要材料。非结构化数据主要包括学生在学习过程中产生的文本、图像、音视频等信息，蕴含着学生的学习兴趣、认知风格、情感态度等深层次特征。通过挖掘和利用这些非结构化数据，教师可以更加全面、立体地把握学生的个性化需求，从而开展更加精准、有针对性的教学设计和课程优化。

此外，国际中文教育领域的专家意见、教学案例、研究文献等也是十分常见的数据来源。这些资源凝结着丰富的教学经验和前沿的研究成果，对于推动国际中文智慧教育课程的优化具有重要的指导意义。通过系统梳理和深入挖掘这些资源，平台可以为课程优化提供理论依据和实践参考，促进教学理念、教学模式、教学方法的创新。

需要强调的是，数据来源的选择必须遵循合法合规、确保安全的原则。在采集、存储、使用数据的过程中，要严格遵守相关法律法规和伦理准则，保护学生的隐私和数据安全。同时，还要重视对数据质量的把控，对采集到的数据进行必要的清洗、筛选和处理，剔除无效、冗余、错误的数据，提高数据的准确性和可靠性。

大数据时代为国际中文智慧教育课程优化提供了前所未有的机遇，海量的教育数据犹如一座"富矿"，蕴藏着推动教育变革和创新的巨大潜力，但数据本身并不能自动转化为智慧和价值，因此优化国际中文智慧教育课程的关键在于对数据的分析和应用。选择科学合理的数据来源，建立完善高效的数据管理机制，运用先进成熟的数据挖掘技术，深入分析数据所反映的教与学的规律，指导教学实践的优化，才能真正实现大数据驱动下的国际中文智慧教育课程优化，不断提升国际中文教育的质量和水平。

（二）数据清洗技术

数据清洗作为数据分析与课程优化过程中的关键环节，对于保证后续数据分析的准确性和有效性至关重要。在国际中文智慧教育领域，原始数据往往存在着不完整、不一致等问题，严重影响了数据质量，阻碍着数据价值作用的充分发挥。因此，探索科学、高效的数据清洗技术，已经成为该领域研究者和实践者的共同诉求。

数据清洗的核心目标在于检测并弥补、纠正数据的缺失值、不一致和错误，从而提高数据的完整性、一致性和准确性。针对国际中文智慧教育课程中学生的学习行为数据和课程内容数据，常见的清洗任务包括去重、归一化、噪声去除、缺失值填充等。去重是指识别并删除数据集中的冗余记录，确保每个数据实例的唯一性；归一化则是将不同来源、不同格式的数据转换为统一的表示形式，便于后续分析和处理；噪声去除旨在剔除数据集中的异常值和无效记录，提高数据的信噪比；而缺失值填充则要根据一定规则估计并补全数据集中的空白字段，最大限度地保留有价值的信息。

在实践中，国际中文智慧教育的教师可以灵活运用多种数据清洗技术，并结合具体的数据特点和应用场景，制定科学、可行的清洗策略。例如，在处理学生的行为日志数据时，可以利用正则表达式等模式，快速识别和过滤掉格式错误、语义无效的记录。对于课程内容数据，则可以借助自然语言处理技术，如分词、词性标注、命名实体识别等，实现文本数据的结构化表示和规范化处理。此外，还可以引入数据质量评估机制，通过设置完整性、唯一性、一致性等质量指标，动态监测数据集的健康状况，及时发现和处理数据潜在的质量问题。

高质量的数据清洗不仅能够提升数据分析与课程优化的效率和精度，更是智慧教育实现个性化教学、精准教学的重要前提。通过剔除"脏数据"，挖掘数据的内在价值，教师能够更全面、更深入地洞察学生的行为模式和认知特点，进而优化课程内容，改进教学策略，为每一位学生提供较好的学习体验。同时，高质量的数据也是智慧教育系统实现自我迭代、自我进化的基石。基于客观、准确、一致的数据，智能算法能够不断学习和优化，推动教育决策更加科学化、精细化，进而带动整个国际中文教育生态圈的发展。

展望未来，数据清洗技术必将在国际中文智慧教育领域扮演越来越重要的角色。但一方面，随着教育数据来源的日益多样化和数据规模的不断扩大，数据清洗所面临的挑战也在与日俱增，亟待相关工作者与技术专家携手攻关，突破瓶颈。另一方面，数据隐私保护、数据伦理等问题也日益凸显，相关人员需要在数据清洗过程中予以充分考虑和妥善处理。相信通过政产学研各界的通力合作，坚持需求导向、问题导向，国际中文智慧教育领域的数据清洗实践必将不断走向成熟，为教育变革注入源源不断的新动能。

（三）数据存储与管理

大数据时代的到来为国际中文智慧教育课程建设提供了宝贵的机遇，大规模的教学数据为教师深入洞察学生学习规律、优化教学策略奠定了坚实基础。而要充分发挥大数据的潜力，数据的存储与管理工作至关重要。科学合理的数据存储与管理方案能够确保数据的完整性、安全性和易用性，为后续的数据分析工作提供高质量的数据支撑。

从存储角度来看，国际中文智慧教育课程产生的海量异构数据对存储系统提出了更高的要求。传统的关系型数据库难以满足非结构化数据存储和弹性扩展的需求。因此，构建一个灵活、高效、可扩展的存储架构势在必行。当前，分布式文件系统和 NoSQL 数据库（Not only SQL，其中的 SQL 是一种数据库语言，具体意思是，不仅仅是一种数据库语言，也可指非关系型数据库）等技术已经日趋成熟，可以很好地支撑 PB（拍字节）级别数据的存储。同时，云存储技术的发展也为数据存储提供了新的思路。教育机构可以利用各种云存储服务平台，实现数据的弹性存储和按需扩展，有效降低存储成本。

从管理角度来看，如何有效组织和管理海量教育数据是一个复杂而艰巨的任务。首先，我们需要建立一套科学的数据分类与编码体系，对不同类型、不同来源的数据进行系统梳理和规范化处理。这不仅便于使用者检索和利用数据，也能够为数据管理奠定基础。其次，元数据管理是数据管理工作的重中之重。通过元数据，我们可以清晰地了解数据的结构、语义、血缘等关键信息，实现数据资产的全生命周期管理。再次，建立数据质量监控与评估机制也至关重要。通过持续地监测数据的完整性、一致性、及时性等指标，我们能够及时发现和解决数据质量问题，确保数据分析的准确性和可靠性。最后，制定合理的数据访问与权限控制策略也是数据管理工作的重要内容。面对海量教育数据，我们需要在充分共享和严格保护之间寻求平衡。一方面，要为教学管理人员、教研人员、数据分析师等提供便捷的数据访问渠道，让数据要素充分流动，价值充分释放；另一方面，也要重视数据安全与隐私保护，严格控制数据访问权限，防止数据泄露。同时，区块链、同态加密等新兴技术在隐私保护领域的应用也值得关注和探索。

二、学生行为数据分析

（一）行为数据分类

学生的行为数据是优化国际中文智慧教育课程的重要依据。在大数据时代背景下，通过对学生在学习过程中产生的各类数据进行分类和分析，能够深入洞察学生的学习特点、认知规律和知识掌握情况，为个性化教学和精准化课程设计提供有力支撑。

学生行为数据的类型多样，涵盖了学生学习过程的方方面面。从数据采集的维度来看，学生行为数据可以分为学习轨迹数据、学习效果数据和学习感受数据三大类。学习轨迹数据主要包括学生的登录时间、学习时长、学习频率、学习资源访问记录等，反映了学生在平台上的学习行为和学习习惯；学习效果数据则涉及学生的作业完成情况、测试成绩、知识点掌握度等，体现了学生对课程内容的理解和吸收程度；学习感受数据则源于学生的主观反馈，如学习满意度评价、学习体验评分、学习困难反馈等，反映了学生对课程的情感态度。

从数据内容角度看，学生行为数据还可以划分为学习行为数据和学习结果数据。学习行为数据聚焦学生学习过程，记录了学生在课程学习中的各种操作和互动，如视频观看行为、讨论区发帖回帖行为、学习资源下载行为等。通过分析这些行为数据，教师可以洞察学生的学习兴趣、参与度和互动情况。而学习结果数据则关注学生学习成效，包括作业完成质量、考试成绩、知识点掌握程度等，反映了学生通过一段时间学习后的能力提升情况。

学生行为数据的分析是一个系统工程，需要遵循一定的原则和方法。首先，要确保数据的完整性和准确性，建立健全的数据采集和存储机制，尽可能全面地记录学生在平台上的各种行为。其次，要选择合适的数据分析模型和算法，如聚类分析、关联规则挖掘、序列模式挖掘等，挖掘数据背后隐藏的规律和特征。再次，要与教育理论和学生学习规律相结合，从认知、情感、元认知等多个维度解读数据，洞察学生的学习特点和个性化需求。最后，要将数据分析结果应用于教学实践，优化课程资源呈现方式，改进教学策略和方法，为学生提供更加精准、高效的学习支持服务。

学生行为数据分析不仅能够促进学生个性化学习和教师自适应教学，更能推动国际中文教育的智慧化变革。通过对海量的学生学习行为数据的挖掘和分析，智慧教育平台可以探索国际中文教育中学生的共性特征和个性差异，研究不同母语背景下学生的中文学习规律，开发针对性更强的教学资源和学习活动。同时，学习行为数据也为跨文化交际研究提供了新的视角和路径，有助于我们更好地理解国际中文教育中学生的文化心理和交际行为，促进中外文化的交流互鉴。

总之，学生行为数据是国际中文教育的宝贵资源，对于优化课程设计、促进学生个性化学习具有重要价值。我们要建立系统的数据分类体系，遵循科学的分析方法，充分挖掘数据背后的教育价值，用数据驱动教学变革，不断提升国际中文智慧教育的质量和水平。

（二）数据分析工具

学生行为数据分析是大数据驱动下国际中文智慧课程优化的重要基础。数据分析工具在这一过程中发挥着不可或缺的作用。合理运用先进、科学的数据分析工具，就可以深入挖掘学生行为数据蕴含的价值，洞察学生的学习特点和规律，为其个性化学习路径设计提供可靠依据。

从技术层面来看，数据分析工具主要包括数据挖掘、机器学习、自然语言处理等技术。数据挖掘技术可以从海量的学习行为数据中发现隐藏的信息，如学生的知识掌握情况、学习兴趣和困难点等。常用的数据挖掘算法有关联规则、聚类、决策树等。机器学习技术则可以基于学生历史行为数据建立预测模型，对学生的未来表现进行预测和评估。深度学习、支持向量机等机器学习算法在学生行为预测建模方面表现出色。自然语言处理技术主要应用于文本数据的分析，如讨论区互动、作业反馈等，其可以通过语义分析、情感计算等方法，了解学生的认知水平和情感态度。

从应用层面来看，数据分析工具可以嵌入智慧教育平台中，实现学习行为数据的自动采集、存储和分析。例如，通过追踪学生在线学习轨迹，分析其课程访问频率、学习时长、习题完成情况等，平台可以评估学生的学习投入度和学习效果；可利用知识图谱技术对课程知识点进行语义建模，结合学生的答题数据，诊断其对每个知识点的掌握程度，进而推送个性化的学习资源；可以利用社会网络分析方法探究学生在讨论区的互动行为，识别学生学习的关键节点，优化协作学习机制。

需要指出的是，数据分析工具的应用必须遵循教育规律，体现以学生为中心的课程设计理念。盲目追求技术而忽视教育本质，容易导致数据分析结果脱离教学实际，无法真正服务于教学优化。因此，教师应学习数据分析的相关知识和技能，深入理解各类工具的适用场景和局限性，在实践中不断探索行之有效的应用模式。只有将教育智慧与技术力量深度融合，才能真正发挥数据分析工具的潜力，为智慧教育赋能。

总之，在大数据时代，数据分析工具已成为智慧教育不可或缺的利器。充分运用数据挖掘、机器学习、自然语言处理等先进技术，分析学生在智慧教育平台中的多维行为数据，就能够洞察学生内在的学习规律，精准刻画学生画像，为个性化教学和智能化服务奠定基础。教师应树立数据思维，提升数据分析素养，在教育理念的指导下创新数据分析工具的应用方法，不断推进智慧教育变革，提升人才培养质量。

（三）学习模式识别

学习模式的识别是大数据技术驱动下国际中文智慧教育课程优化的关键一环。通过采集和分析学生在学习过程中产生的各类行为数据，教师可以深入洞察学生的学习模式，从而为个性化学习路径的设计提供依据。

学习模式是指学生在学习过程中表现出的相对稳定的行为方式和思维习惯。不同的学生由于认知风格、知识基础、学习动机等因素的差异，往往具有不同的学习模式。例如，有的学生善于总结归纳，偏好演绎式的学习方式；有的学生想象力丰富，喜欢以类比的方式理解新知识；还有的学生注重实践，倾向于在实际应用中巩固和深化认知。准确识别学生的学习模式，对于因材施教、提升教学针对性具有重要意义。

在国际中文智慧教育课程中，学习模式识别主要依托对学习行为数据的挖掘与分析。学习行为数据涵盖了学生在在线学习平台上的各种操作和互动，如对学习资源的访问、作业的完成情况、讨论区的参与情况、对学习进度的把控等。通过追踪和记录这些数据，平台可以多维度地刻画学生的学习行为特征。在此基础上，运用数据挖掘、机器学习等技术手段，平台就可以从海量的学习行为数据中提炼出有价值的行为模式，并据此对学生进行分类和画像。

例如，通过对学习资源访问数据的分析，教师可以发现不同学生的学习兴趣和知识偏好。频繁访问语法类资源的学生可能对语言结构规律更感兴趣，而偏好文化类内容的学生则可能希望加深对中国文化的理解。再如，基于对学习进度数据的挖掘，教师可以洞察学生的自主学习能力和时间管理水平。学习进度与预期计划吻合度高的学生往往自律性较强，而该吻合度起伏较大的学生则可能在学习策略运用方面存在问题。

学习模式识别的另一项重要任务是揭示学习行为之间的关联规律。学习行为并非彼此孤立，而是以一定的逻辑关系组合在一起的，其共同反映了学生的认知加工过程。关联规则挖掘可以发现学习行为之间的内在联系，揭示不同学习模式的行为组合特点。例如，倾向于先浏览学习资源再下载存档的学生，可能用的是一种"主动筛选型"的学习模式，善于甄别和获取高价值的学习内容；而每次访问都倾向于精读的学生，则可能使用的是"深度思考型"的学习模式，习惯在反复阅读中深化对知识点的理解。

需要指出的是，学习模式识别并不是一蹴而就的，而是一个动态迭代的过程。学生的认知特点和行为偏好会随着学习的不断深入而不断演变，呈现出一定的阶段性特征。因此，国际中文智慧教育课程需要构建实时的学习行为跟踪与分析机制，动态监测学生学习模式的变化轨迹，适时调整个性化教学策略。同时，学习模式识别的过程中也要充分尊重学生的个体差异，避免过度归因和简单化处理，做到"因材施教"，而非"削足适履"。

总之，学习模式识别是大数据时代智慧教育的重要组成部分。国际中文教育要主动拥抱数据驱动的发展理念，充分运用智能技术手段，深入挖掘学习行为数据所蕴含的教育价值，动态识别学生的个性化需求，从而实现课程教学的精准优化和再设计。

三、课程内容数据挖掘

（一）关键内容识别

关键内容识别在国际中文智慧教育课程内容数据挖掘中扮演着至关重要的角色。它是从海量课程内容中提炼出核心知识要点的关键步骤，为后续的内容关联分析和知识点优化奠定了基础。通过有效的关键内容识别，教师能够快速把握课程的主要脉络，洞察知识体系的内在逻辑，进而优化课程结构，提升教学质量。

具体而言，关键内容识别的首要任务是对课程内容进行深入解析。这需要运用自然语言处理、文本挖掘等先进技术，对课程文本、音视频等多模态数据进行语义理解和结构化处理。通过分词、词性标注、命名实体识别等基础处理，教师可以初步提取出课程内容的关键词。在此基础上，教师还需结合领域知识库对这些关键词进行语义消歧和概念抽象，从而获得准确、规范的知识实体。例如，对于一段介绍端午节习俗的课文，通过命名实体识别，教师可以提取出"粽子""赛龙舟"等关键词，再结合中华文化知识库，就可以将其抽象为"节日饮食""民俗活动"等知识实体。

获得知识实体后，下一步就是揭示这些实体之间的内在联系，构建语义关联网络。这需要教师利用深度学习技术，通过构建知识表示模型来捕捉实体间的隐性关系。常见的方法包括基于神经网络的知识表示学习、基于注意力机制的实体关系抽取等。通过计算实体在语义空间中的相似度，教师可以发现它们在知识体系中的位置，探究其中蕴含的逻辑关系。以"端午节"为例，"粽子"和"赛龙舟"在语义上距离较近，它们共同构成了"端午节"这一知识概念。

语义关联网络建立后，教师就可以在宏观层面刻画课程知识体系的总体架构了。利用社区发现、中心性分析等复杂网络理论方法，教师可以从语义关联网络中识别出核心知识社区，发现知识体系的层次结构和逻辑脉络。处于网络核心位置、连接多个社区的关键实体往往代表了课程的核心知识，对学习理解整个知识体系具有重要意义。例如，在国际中文教育课程的关联网络中，"汉字"可能处于核心节点，"笔画""部首""字形演变"等则围绕其形成不同的知识社区，反映了学习汉字需要掌握的多个维度。

此外，关键内容识别还应关注知识实体的重要性排序。传统的关键词提取算法往往侧重词频统计信息，难以全面评估知识实体的重要性。因此，需要综合考虑实体的结构化特征和语义特征，如在知识网络中的中心性、连通子图的复杂度、与核心概念的语义相似度等，构建多维度的排序模型。通过模型训练和迭代优化，教师可以了解到知识实体重要性判别的标准，进而从众多备选中筛选出具有代表性且能反映课程核心内容的关键知识点。

综上所述，关键内容识别是国际中文智慧教育课程大数据挖掘的基础环节。它需要智慧教育平台运用文本挖掘、知识表示、复杂网络等多种人工智能技术，从语义理解、关联分析、重要性评估等角度入手，系统地分析课程内容数据，通过构建课程知识地图，刻画知识体系框架，为教师提供全景式的课程内容理解，为知识点优化工作提供理论指引。

（二）内容关联分析

内容关联分析是课程内容数据挖掘的重要方法之一，它通过探究学科知识体系中各概念、原理、方法之间的内在联系，揭示了课程内容的逻辑结构和知识脉络，为教师优化教学设计、学生主动构建知识体系提供了重要参考。随着大数据技术的发展和智慧教育理念的普及，内容关联分析在国际中文智慧教育课程架构中的应用日益受到重视。

从学科知识体系的角度来看，国际中文教育涵盖了语言学、文学、民族文化、跨文化交际等多个领域的知识点，这些知识点之间存在着错综复杂的逻辑关系。如果教师不能在教学中有效梳理这些逻辑关系，学生就难以建立起系统而完整的中华语言文化认知体系，而内容关联分析为破解这一难题提供了有力工具。通过运用社会网络分析、聚类分析、关联规则挖掘等数据挖掘技术，教师可以深入剖析教材内容，厘清各章节、各知识点之间的内在联系，构建起科学合理的课程知识图谱。而后，在教学过程中，教师就可以引导学生基于知识图谱进行主动思考、探索知识点之间的关联，加深学生对学科核心概念和原理的理解，提升学生分析问题和解决问题的能力。

从学生认知规律的角度来看，内容关联分析有利于国际中文教育实现因材施教。由于学生的语言基础、学习动机、认知习惯存在差异，单一化的教学内容往往难以满足学生的多元化需求。内容关联分析为解决这一问题提供了新的思路。通过分析海量的学生学习行为数据，挖掘不同学生群体在知识掌握和技能习得方面的共性与特点，教师可以更加精准地把握学情，因材施教。例如，对于基础薄弱的学生，教师可以重点讲解与语言要素相关的语音、词汇、语法知识；对于学有余力的学生，教师则可以拓展教学内容，引入更多文学知识，引导其探索语言背后的人文精神和思维方式。这样，既能够帮助不同层次的学生获得适合自己的学习体验，又能促进其语言能力、文化素养、思辨能力的全面提升。

从课程资源建设的角度来看，内容关联分析为国际中文智慧教育课程注入了新的活力。传统的课程资源以纸质教材为主，内容相对单一，不能很好地适应信息时代学生的学习需求；而内容关联分析基于大数据技术，可以不断发现和呈现海量优质学习资源，为学生提供丰富多元、动态更新的学习内容。教师可以利用内容关联分析技术，整合国内外优秀的中文学习网站、音视频资源、文化体验项目等，构建立体化、多维度的数字化教学资源库；学生可以根据自身的学习需求和认知特点，自主选择、组合相关资源，通过超链接、二维码等方式实现知识的横向拓展和纵向延伸。在主动探索、实践体验的过程中，学生不仅能够拓宽中华语言文化视野，提升中文综合运用能力，更能形成开放性、批判性的思维品质，为未来的学习和发展奠定坚实的基础。

综上所述，内容关联分析作为一种数据驱动的课程优化方法，为国际中文智慧教育课程建设开辟了新的路径。通过系统梳理课程内容之间的逻辑关系，实现因材施教，满足学生的个性化需求，动态呈现海量数字资源的关系，内容关联分析有效破解了传统国际中文教育教学内容碎片化、静态化的困境，为学生构建起了反映学科本质、契合认知规律的中华语言文化知识网络，最终达成了提升学生中文综合运用能力、培养其人文素养和思辨品质的课程目标。

（三）知识点优化

通过大数据技术对课程相关数据进行深入挖掘和分析，教师可以有效识别课程内容中的关键知识点，了解知识点之间的内在联系，进而优化课程结构和教学方式，提升教学质量。在国际中文智慧教育课程建设中，知识点优化是一项关键任务，需要教师和教学管理者高度重视。

知识点优化的首要任务是明确课程目标和核心内容。通过对学生行为数据和课程内容数据的综合分析，教师可以准确把握学生的知识基础、学习需求和能力水平，据此确定课程的教学目标和重点内容。同时，还要考虑课程在整个专业培养体系中的位置，与其他课程形成互补和呼应。只有始终围绕课程目标和核心内容，知识点优化才能找准方向，避免盲目和随意。

在明确课程目标和核心内容的基础上，知识点优化要着力挖掘知识点之间的逻辑关系。一门课程往往包含众多知识点，这些知识点并非孤立存在，而是形成了一个有机联系的知识网络。通过数据挖掘技术，教师可以深入分析知识点之间的层级关系、因果关系、对比关系等，揭示知识体系的内在结构。在教学中，教师应该引导学生主动思考和探索这些关系，帮助其构建起完整、系统的知识架构，真正实现融会贯通、举一反三。

知识点优化还要注重理论与实践的结合。国际中文教育教学不同于一般的语言教学，更加强调语言学习与文化理解、跨文化交际的融合。因此，在知识点优化时，不仅要重视语言知识和语言技能，更要关注中华文化的导入和学生的学习体验，利用大数据技术，对海量的文化素材进行筛选和分析，甄选出与课程内容密切相关、富有教学价值的案例和资源，让学生在生动、鲜活的语境中学习和应用知识，提高其文化意识和交际能力。

此外，知识点优化还应体现智慧教育的特点和要求。智慧教育强调以学生为中心，注重其个性化、自主化的学习。在优化知识点时，要充分考虑学生的个体差异，为不同层次、不同风格的学生提供多样化的学习资源和学习路径。可以运用大数据技术，对学生的学习行为和学习效果进行动态分析，适时调整教学策略和学习任务，实现因材施教、精准教学。同时，还要为学生创设开放、互动的学习环境，激发其学习兴趣和主动性，培养其自主学习、合作学习的能力。

知识点优化是一个系统工程，需要在宏观和微观层面统筹考虑、协调推进。从宏观层面来看，要遵循国际中文教育的发展规律和人才培养规律，紧密结合课程定位和教学目标，构建科学合理的知识体系；从微观层面来看，要致力于挖掘每个知识点的教学价值，优化每一堂课的教学内容和教学设计，力求达到事半功倍的教学效果。只有坚持系统思维和精细思路相结合，持之以恒地开展知识点优化工作，才能不断提升国际中文智慧教育课程的建设水平，为培养国际化人才奠定坚实基础。

四、个性化学习路径优化

（一）个性化学习路径设计

个性化学习路径设计是个性化学习路径优化的重要内容，是大数据驱动下国际中文智慧教育课程架构的重要组成部分，对于提升学生的学习体验和学习效果具有重要意义。传统的国际中文教育教学往往采用"一刀切"的方式，忽视了学生个体的差异性和学习需求的多样性，导致教学效果难以达到预期标准。而个性化学习路径设计则充分利用大数据技术，从海量的学习行为数据中挖掘学生的学习特点、知识掌握情况和学习偏好，进而为每一位学生量身设计了最优学习路径，实现了教学的精准化和个性化。

具体而言，个性化学习路径设计主要包括以下几个关键环节：首先，深入分析学生的历史学习数据，准确把握其知识掌握程度、学习能力和学习风格等，构建起完整的学生画像；其次，结合课程知识点的难易程度、重要程度和关联程度等因素，利用智能算法生成个性化学习路径。需要注意的是，这一个性化学习路径不仅要符合学生的认知规律和学习特点，还要兼顾课程知识体系的系统性和完整性，确保学生学习的连贯性和递进性。

个性化学习路径设计应具备动态调整机制。学习是一个动态变化的过程，学生的知识水平、学习需求都可能随时间发生变化。因此，学习路径不能一成不变，而应该根据学生的实时反馈和学习效果评估及时进行调整和优化，以适应学生成长的需要。只有建立起动态反馈与调整机制，个性化学习路径才能真正发挥应有的效用，为每一位学生提供最佳的学习体验。并且，个性化学习路径设计还应注重学习资源的合理配置。在设计个性化学习路径的过程中，不仅要考虑知识点的先后顺序和内在逻辑，还要充分利用多种类型、多种形式的学习资源，如微课视频、交互式练习、拓展阅读等，为学生创造真实的语言学习情境。同时，学习资源的呈现形式和难易程度也要与学生的认知水平和接受能力相匹配，既要激发学生学习兴趣，又要避免学生因认知过载而产生学习挫败感。只有实现学习路径设计与学习资源配置的最佳匹配，个性化教学的效果才能达到最优。

此外，个性化学习路径设计还应体现人文关怀。学习不仅是一个获取知识的过程，更是一个体验情感的过程。设计个性化学习路径时，教师要充分考虑学生的情感因素，适时给予鼓励和反馈，增强其自主学习的信心和动力。例如，可以在学生完成特定学习任务后给予积极的评价和奖励，并为其提供自主选择下一步学习内容的机会，以提升其学习的参与感和获得感；也可以为学生设置合理的阶段性目标，并引导其进行自我监控和反思，帮助其形成积极的自我认知和良好的学习习惯。唯有在尊重学生主体地位的基础上满足其情感需求，个性化学习路径才能激发学习者的内生动力，达到事半功倍的效果。

综上所述，个性化学习路径设计是大数据时代国际中文智慧教育的必然选择。它立足于学生的个体特点，充分利用智能技术手段，为学生规划最优学习路径，配置最佳学习资源，提供最适切的人文关怀，最终可以实现因材施教、个性化教学的目标。

（二）学习效果评估

学习效果评估是个性化学习路径优化中不可或缺的重要环节。只有准确评估学生的学习效果，才能及时为其调整学习路径，提高其学习效率。在大数据时代，学习效果评估的方式已不再局限于传统的测试和考试，而是综合运用多种数据分析方法，全面、客观地评价学生的知识掌握程度、能力提升情况及情感态度变化。并且，学习效果评估产生的结果也大有用处。

首先，知识掌握程度是学习效果评估的基础。教师通过对学生在线学习行为数据的挖掘和分析，如学习时长、学习频率、学习资源访问情况等，可以初步判断学生的知识点掌握情况；同时，还可以借助智能测评系统，动态生成个性化试题，考查学生对重点知识的理解和运用能力，进一步量化其知识掌握水平。

其次，能力提升情况是学习效果评估的关键。个性化学习旨在培养学生的自主学习能力、问题解决能力和创新思维能力等关键能力。因此，学习效果评估需要设计一系列以能力为导向的测评任务，如项目实践、案例分析、小组合作等，考查学生运用所学知识解决实际问题的能力，分析学生在任务中的表现，评估其学习能力提升情况。

再次，情感态度变化是学习效果评估的重要内容。优化后的个性化学习路径不仅要促进学生知识和能力的习得，更要激发学生的学习兴趣，培养其良好的学习态度和价值观。因此，学习效果评估需要关注学生在学习过程中的情感体验和态度变化。教师可以通过学习满意度调查、学习日志分析等方式，了解学生的学习动机、学习兴趣及自我效能感等情况，得出其情感态度的变化轨迹。

最后，学习效果评估的结果要及时反馈给学习路径优化模块，形成闭环。要通过对学习效果的诊断和分析，识别学生的薄弱环节和优势领域，进而动态调整学习内容、学习节奏和学习策略，为每个学生提供更加精准、高效的个性化学习路径。同时，学习效果评估数据也是优化课程资源、完善教学设计的重要依据。

综上所述，学习效果评估是一项系统而复杂的工程，需要整合多源异构数据，采用多元评估方法，全面考察学生的知识、能力和情感态度等多维度学习结果。只有建立科学完善的学习效果评估体系，才能真正实现学生个性化学习路径的动态优化，为学生提供更加优质的学习体验，助力其成长为推动未来社会发展的卓越人才。这既是智慧教育的应有之义，也是教师的不懈追求。

五、数据驱动的教学反馈机制

（一）反馈数据收集

在大数据时代，国际中文教育面临着前所未有的机遇和挑战。如何利用先进的大数据技术优化课程设计，提升教学质量，已成为教育领域的重要课题。而要实现这一目标，就必须建立完善的教学反馈机制，及时、准确地收集反馈数据，为教学优化提供可靠依据。

反馈数据的收集是构建数据驱动的教学反馈机制的基础。传统的教学反馈多以问卷调查、座谈会等形式进行，存在滞后性强、覆盖面窄、主观性强等局限。而在大数据时代，教师可以利用在线学习平台、智能教学系统等先进工具，自动记录学生的学习行为，如登录次数、学习时长、作业完成情况、测试成绩等，获取全面、客观、实时的反馈数据。同时，教师还可以收集学生在讨论区、社交平台上的互动数据，了解其学习体验、情感态度等隐性信息。通过整合这些多维度的数据，教师能够更加全面、立体地了解学生的情况，及时发现教学中存在的问题，从而有针对性地调整教学策略。

在反馈数据的收集过程中，保障数据质量至关重要。首先，教师应选择可靠的数据来源，确保数据的真实性和完整性。其次，要制定科学的数据收集方案，明确数据指标、收集频率、收集方式等，确保所收集的数据有一定的规范性和一致性。再次，要重视数据安全，在收集、存储、使用数据的过程中，严格遵守隐私保护等相关法律法规，防范数据泄露、滥用等风险。只有保障数据质量，教学反馈机制才能发挥应有的效用。最后，反馈数据的收集还应兼顾广度和深度。广度即要覆盖教学的各个环节，如备课、授课、作业、考试等；深度即要挖掘数据背后隐藏的内容，如学生的认知特点、学习难点等，深入洞察教学本质。只有实现广度和深度的统一，才能为教学诊断提供更加科学、精准的依据。

需要强调的是，反馈数据的收集并非目的，而是优化教学的手段。数据本身并不能直接改进教学手段，关键在于数据背后反映的问题和产生的启示。因此，教师还需要提高数据素养，掌握数据分析、数据挖掘等技术，善于从海量数据中提炼有价值的信息，用数据说话，用数据决策，推动教学变革。

大数据时代，反馈数据犹如教学优化的"千里眼"，为教师洞悉教学全貌、精准施教提供了有力支撑。完善教学反馈数据机制，有效收集反馈数据，提升数据驱动教学的科学化、精细化水平，是建设智慧教育平台、培养高素质人才的必由之路。教师应积极拥抱大数据，用数据的力量推动教育变革，不断开创教育现代化的新局面。

（二）反馈分析方法

反馈分析是数据驱动的教学反馈机制中至关重要的一环，对于优化教学策略、提升教学质量具有重要意义。随着大数据技术的发展，教育领域产生了海量的教学和学习数据，如何从中提取有价值的信息，形成科学、系统的反馈分析方法，已经成为亟待解决的问题。需要注意的是，反馈分析方法的构建应立足教学实践，遵循教育教学规律。

第一，要明确反馈分析的目标和内容。教学反馈数据涵盖了学生学习行为、学习效果，以及教师教学行为等多个维度，不同维度的数据对教学改进的价值和意义各不相同。因此，在进行反馈分析时，要根据教学目标和需求，有针对性地选取分析内容，避免泛泛而谈、失之偏颇。例如，如果教学目标是提高学生的中文运用能力，那么反馈分析就应重点关注学生在听、说、读、写等方面的表现数据，而对于学生的兴趣爱好、性格特点等非目标数据则可适当降低关注度。

第二，要选择合适的分析工具和方法。随着机器学习、深度学习等人工智能技术的不断成熟，现代化教学反馈系统不仅依赖传统的数据统计、分析工具，还涌现出一大批智能判读系统、情感分析模型等新型工具。不同工具在数据处理效率、分析精度、操作难度等方面各有优劣。教师应根据自身的信息技术素养和实际需求，权衡利弊，选择适宜的分析工具。同时，教师还要掌握数据分析的基本方法，如相关性分析、回归分析、聚类分析等，以更好地挖掘数据价值，提炼出有说服力的研究结论。

第三，要注重反馈分析的科学性和严谨性。教学反馈数据虽然客观真实，但并非所有数据都有研究价值，也并非所有数据之间的关联都有现实意义。在反馈分析过程中，教师要时刻保持理性和审慎的态度，对数据进行必要的筛选和清洗，剔除非正常值、极端值等"脏数据"。在探究数据间的变量关系时，要严格遵循统计学原理，先设立研究假设，再利用数据进行论证，切忌主观臆断、刻意夸大某些微弱关联。在得出研究结论时，也要充分估计结论的稳健性、可推广性，避免过于笼统的解释。

第四，反馈分析要体现人文关怀和伦理道德。教育大数据虽然强调客观量化，但绝不能忽视教育对象的主体性地位和情感诉求。反馈分析不能盲目追求数据化、标签化，将学生简单等同于一组冷冰冰的数据，而要注重对学生个体差异的关注和尊重。在运用反馈分析结果指导教学实践时，教师要坚持"以人为本"，充分考虑每一位学生的实际情况和切身感受，做到因材施教、有的放矢。同时，反馈分析还必须严格遵守教育伦理和数据隐私保护原则。未经授权，任何组织和个人不得擅自收集、使用学生的个人信息，一定要确保反馈分析在合法合规的前提下进行。

第五，从国际中文教育的特殊视角来看，反馈分析还应考虑跨文化因素的影响。来自不同国家和地区的学生的文化背景、思维方式、学习习惯都存在较大差异。这种差异不仅会影响学生的学习行为和学习效果，也会影响教师对反馈数据的理解和诠释。因此，在国际中文教育反馈分析中，教师要主动了解和学习不同文化的特点，客观认识文化差异对教与学的影响，并在设计反馈分析方案时融入跨文化视角，使分析更加全面。例如，在对比不同国家学生的学习行为数据时，教师要考虑到不同国家在教育制度、教学理念、课堂文化等方面的差异，审慎地得出结论，避免简单地将个别现象归因于学生的国籍或民族。

综上所述，国际中文智慧教育课程建设视域下的反馈分析方法应立足教学实践，遵循教育规律，科学运用大数据技术，致力于深入挖掘教学反馈数据的价值。在分析过程中，教师要明确分析目标，选择合适的分析工具和方法，注重分析的科学性、严谨性，体现人文关怀和伦理道德，并积极融入跨文化视角，不断提升反馈分析的信度、效度和实践指导力。

（三）教学策略调整

数据驱动的教学反馈机制为教学策略的调整提供了科学依据和实践指导。在国际中文智慧教育课程中，教师需要根据学情分析结果，动态调整教学内容、教学方法和教学进度，以更好地满足学生的学习需求。具体而言，教师可以通过比较学生在不同学习阶段的表现数据，判断教学策略的有效性，并据此进行针对性的调整。例如，如果数据显示某个知识点的掌握率普遍偏低，教师就应该在教学中加强对这一部分的讲解，并设计相应的巩固练习；如果数据表明学生在某种学习活动中的参与度和互动性较高，教师就可以适当增加这类活动的比重，激发学生的学习兴趣。

教学策略的调整还应该立足于学生的个体差异。通过对学生行为数据的深入挖掘，教师能够更加全面、细致地了解每个学生的学习特点、知识基础和能力水平。在此基础上，教师可以因材施教，为不同学生提供个性化的学习支持。例如，对于学习能力较强的学生，教师可以为其提供更具挑战性的学习任务，引导其进行拓展性学习；对于学习有困难的学生，教师则需要给予更多的关注和帮助，提供额外的辅导资源。这种因人而异的教学策略不仅能够促进每个学生的发展，也有助于营造公平、包容的学习环境。

　　教学反馈数据的积累和分析是一个动态的过程，教学策略的调整也应该是持续不断的。教师要善于捕捉数据反映出的问题和机遇，灵活运用各种教学资源和手段，不断优化教学设计。同时，教师还要主动收集学生的反馈意见，综合考虑教学效果和学生体验，作出相应的策略调整。在这个过程中，教师的教学智慧和经验固然重要，但更为关键的是要树立数据意识，用数据说话，用数据决策。

　　教学策略调整并不是一蹴而就的，而是一个循序渐进的过程。教师在进行教学改进时，要充分评估策略调整可能带来的影响，把握好调整的节奏和力度。一方面，要敢于突破传统教学的藩篱，主动拥抱新理念、新技术；另一方面，也要稳扎稳打，在实践中不断总结经验，持续改进，不断完善。只有在守正创新中砥砺前行，才能推动国际中文智慧教育课程的创新发展，培养出具有全球视野和跨文化交际能力的国际化人才。

　　总之，数据驱动的教学反馈机制为教学策略调整提供了新的思路。教师要树立科学的教学理念，提升数据素养，增强教学创新的勇气和决心，通过基于大数据的精准分析和动态优化，不断改进教学内容、教学方法和教学组织形式，促进教与学的协同进化，最终实现国际中文智慧教育课程的高质量发展。这既是智慧教育时代对教师的要求，也是教育现代化的必由之路。

第三节　教学工具的集成

一、教学工具的选择

　　在大数据时代，教学工具的选择应立足于促进学生深度学习和个性化发展。这就要求教师不能盲目追求技术的新颖性和多样性，而应根据教学目标、学情特点、课程内容等因素，有针对性地选择和运用适宜的教学工具。与此同时，教师还应不断更新教育理念，提升信息素养，在教学实践中积极探索技术与教学的最佳结合点。

　　具体而言，国际中文智慧教育课程的教学工具选择应遵循以下几项原则。

首先，教学工具的选择要服务于课程目标的达成。国际中文教育的核心目标是提升学生的语言运用能力和跨文化交际能力。因此，教师选择的教学工具应有助于创造真实的语言环境，为学生提供大量的语言输入和输出机会。例如，教师可以利用在线音视频平台开展实时互动教学，通过虚拟现实技术模拟真实场景，利用自适应学习系统为学生提供个性化练习。这些技术手段都能够为学生提供身临其境的学习体验，激发其语言学习兴趣，提高其语言学习效率。

其次，教学工具的选择要契合学生的认知特点和学习需求。国际中文教育的对象是来自不同国家和地区的学生，他们在年龄、语言基础、学习动机等方面存在较大差异。因此，教师在选择教学工具时，要充分考虑学生的个体差异，因材施教。例如，面对低龄学生，教师可以运用游戏化学习工具，通过趣味性的互动设计吸引其注意力；面对语言基础薄弱的学生，教师可以利用智能化教学系统，根据其学习难点提供针对性的课后辅导；面对学习动机不足的学生，教师可以借助社交媒体平台，营造轻松愉悦的课堂氛围，激发其学习热情。总之，教学工具的选择要以学生为中心，关注其实际学习需求，为其提供个性化的学习支持。

再次，教学工具的选择要体现语言学习的特殊规律。语言学习是一个长期、循序渐进的过程，需要大量的重复练习和情境应用。因此，国际中文智慧教育课程的教学工具选择要注重建构反复操练的语言环境，为学生提供充足的语言实践机会。例如，教师可以利用智能语音识别技术，为学生提供实时纠音反馈；利用情景模拟系统，让学生在虚拟场景中应用所学语言知识；利用协作学习平台，开展小组讨论和任务探究，提升学生语言交际能力。这些技术手段都能够帮助学生内化语言知识，提高语言运用的熟练度和自动化程度。

最后，教学工具的选择还要兼顾人文性和智能性的平衡。语言不仅是一种交际工具，更是一种文化载体。国际中文教育不仅要传授语言知识，更要传播中华文化，增加中外文化交流机会。因此，在智慧教育课程中，教师除了运用先进的信息技术，还应注重融入人文元素，弘扬中华优秀传统文化。例如，教师可以利用数字化文献平台，引导学生探寻中国古代诗词歌赋的艺术魅力；利用虚拟博物馆技术，带领学生感受璀璨的中华文明；利用慕课平台，邀请国学大师开设国学公开课，传承中华文化基因。这些做法都能够在技术应用中彰显人文关怀，实现智能与人文的和谐统一。

二、数据驱动的教学工具整合

（一）整合方法

在大数据驱动下，教学工具的整合已成为国际中文教育领域的重要议题。面对海量的教学资源和多样化的学习需求，如何实现教学工具的优化组合，构建高效、个性化的学习环境，是摆在教师面前的一项亟待完成的任务。教学工具整合的首要步骤是进行系统的需求分析。教师应深入了解学生的学习特点、认知风格和知识基础，明确教学目标和重难点，以此为依据筛选适用的教学工具。同时，教师还需考虑不同教学工具之间的兼容性和互补性，避免出现功能重叠或冲突的情况。由此来看，制订科学合理的整合方案至关重要。

教学工具整合并非简单地拼凑和堆砌，而要遵循一定的教学逻辑和认知规律。教师应根据教学内容的特点和学习任务的要求，合理安排各类教学工具的使用时机和次序。例如，在引入新知识时，可以利用思维导图帮助学生梳理知识概念关系；在巩固练习阶段，则可借助智能批改系统提供及时反馈。有序合理地组织教学工具，既能充分发挥每一种教学工具的优势，又能实现多种教学工具功能的互相补充，形成完整的学习闭环。

在整合过程中，教师还应注重教学工具使用的灵活性和针对性。面对不同学情以及在不同学习阶段，教师需要及时调整教学工具搭配，为学生提供个性化的学习支持。这就要求教师具备较强的信息技术应用能力和教学设计能力，能够熟练操作各类教学工具，灵活处理各种问题，根据实际情况优化整合方案。与此同时，教师也要综合运用学习数据分析、课堂观察、学生反馈等多种手段，动态监测学习过程，科学评估学习成效，通过对比教学工具使用前后的数据变化，分析教学工具整合的优劣得失，为后续改进提供可靠依据。

此外，营造良好的教学工具使用氛围也是整合成功的关键。教师应加强引导，帮助学生正确认识和使用教学工具，培养其自主学习、合作探究的意识和能力。同时，学校应完善配套基础设施，为教学工具整合提供必要的硬件支持和保障。只有在教师、学生、学校的共同努力下，才能真正实现教学工具整合，使各类教学工具优势互补、有机融合，构建起高效、智能、个性化的智慧学习生态。

教学工具的整合是一项系统工程，需要在理念、方法、评估等多个层面进行深入探索和创新实践。面对日新月异的信息技术和不断变化的教育需求，教学工具整合永远在路上，教师必须与时俱进，不断更新观念，优化策略，探索智慧教学的新模式、新路径。

（二）整合效果评估

整合效果评估是教学工具集成过程中至关重要的一环。借助科学、系统的评估方法，我们可以全面了解教学工具整合的实际效果，发现其中存在的问题，并针对性地调整优化，最终实现教学工具集成的预期目标。

从评估内容来看，整合效果评估应该包括多个维度。首先，要评估教学工具整合后功能的完备性和易用性。一个理想的教学工具集成方案，应该能够无缝连接各个教学工具，实现各个教学工具功能的互补和扩展，为教师和学生提供全面、便捷的教学服务。其次，要评估教学工具整合对教学效果的影响。通过对比整合前后学生的学习成绩、学习兴趣、学习效率等指标，可以直观地看到教学工具整合是否真正实现了教与学的质量提升。最后，整合效果评估还应该关注教学工具的适用性和稳定性。要通过多角度的调查和反馈，了解不同学科、不同年级的教师和学生对整合后的教学工具的使用体验，及时发现并解决技术故障和兼容性问题。

从评估方法来看，整合效果评估需要采用多元化的评估手段，只有将定量评估和定性评估相结合，过程性评估和总结性评估相结合，才能全面、客观地反映教学工具整合的实际效果。例如，可以通过问卷调查、访谈等方式，收集教师和学生对整合后教学工具的主观评价；通过数据分析，客观评估整合后教学工具的使用频率、使用时长等量化指标；通过实验研究，严谨比较整合前后教与学的各项效果指标。同时，整合效果评估还应该贯穿于整个教学工具集成的过程之中。通过阶段性评估、动态监测整合效果，可以及时发现问题，优化方案，让教学工具集成始终朝着正确的方向推进。

此外，整合效果评估还应体现出鲜明的应用导向。评估不是目的，而是手段。开展整合效果评估，归根结底是为了更好地指导教学实践，提升教学质量。因此，评估结果必须及时反馈给一线教师，使其转化为优化教学的具体策略和方法。只有将评估与应用紧密结合，整合效果评估才能真正发挥出促进教学工具集成的积极作用。

智慧教育时代，教学工具不断推陈出新。整合效果评估为教学工具集成树了一面镜子，帮助我们及时反思、持续改进，不断提升智慧教学的质量。未来，随着大数据、人工智能等技术的进一步发展，整合效果评估还将进一步智能化、精准化，为教学工具的集成提供更加科学、有力的支撑。

三、多模态教学工具的协同使用

（一）工具类型与特性

多模态教学工具是智慧教育时代教学模式创新的重要载体。随着信息技术的迅猛发展，各种类型的教学工具层出不穷，为教师优化教学设计、创设情境、组织活动、评价反馈等提供了有力支撑。从工具类型来看，多模态教学工具可以分为演示型、互动型、协作型、游戏化等几大类。演示型工具主要用于教师讲授知识，直观呈现教学内容。互动型工具能够实现师生、生生之间的即时互动与反馈，激发学习兴趣，检验学习效果。协作型工具为学生提供了在线协作平台，有利于培养其团队意识和沟通能力。游戏化工具则通过趣味性的游戏元素，将学习内容与游戏机制相结合，寓教于乐，提高了学生的学习积极性。

不同类型的多模态教学工具各具特色，在教学中发挥着不同的作用。演示型工具突出了知识的系统性和条理性，便于学生快速理解和记忆；互动型工具强调参与感和即时反馈，有助于调动学生的主动性，加强师生互动；协作型工具重在培养学生的团队精神和协作能力，旨在锻炼学生的表达与沟通技巧；游戏化工具则从趣味性入手，将枯燥的知识点融入游戏情境中，以此激发学生的探索欲和好奇心。总的来看，多模态教学工具的共同特点是打破了传统"以教师为中心"的教学模式，突出了学生的主体地位，营造了开放、互动、协作、探究的学习氛围。

在实际教学中，教师应根据教学内容和学情，灵活选用不同类型的多模态教学工具。例如，在讲授新课时，可以运用演示型工具呈现知识框架；在课堂互动环节，可以借助互动型工具及时检验学生的理解程度；在课后作业中，可以利用协作型工具组织学生开展小组学习；在复习巩固阶段，则可以通过游戏化工具调动学生的积极性，加深其对知识的理解。此外，教师还要注意多模态教学工具的整合应用，发挥不同教学工具的优势，实现教学内容、教学活动、教学评价的有机统一。

总之，多模态教学工具是智慧教育时代不可或缺的教学辅助手段。它突破了传统教学工具的局限，为教与学注入了新的活力。教师应顺应时代发展，主动拥抱多模态教学工具，坚持以学生发展为本，不断创新教学模式，提升教学效果。

（二）协同使用策略

多模态教学工具的协同使用策略需要立足于工具的特性和教学目标，围绕课程内容和学生需求进行系统设计。在国际中文智慧教育的语境下，教师应充分利用多媒体、移动终端、虚拟现实等先进技术手段，构建起互补性强、联动性高的多模态教学工具体系。

视听结合是实现多模态教学工具协同使用的基本策略。教师可以在课堂教学中灵活使用图像、音频、视频等视听材料，创设沉浸式的语言学习情境。例如，在讲授"春节"这一文化主题时，教师可以播放讲述春节风俗的纪录片，配以生动的解说，让学生身临其境地感受中国传统节日的魅力。同时，教师还可以引导学生利用智能手机拍摄与主题相关的微视频，通过社交平台分享交流，延展课堂学习的时空边界。视听结合不仅能够使学生多感官参与课堂活动，提升学习兴趣，更能加深学生对语言和文化的理解。

游戏化互动是实现多模态教学工具协调使用的重要策略。若将游戏化理念融入教学工具的设计和应用中，就能够激发学生的参与热情，营造轻松愉悦的课堂氛围。例如，教师可以利用游戏化学习平台设计与教学内容相关的在线问答和竞赛活动，学生通过手机或平板电脑参与互动，在挑战自我、与他人竞争中巩固所学知识。游戏化互动不仅能够活跃课堂气氛，调动学生积极性，更能促进师生、生生之间的实时反馈和交流，为智慧课堂注入源源不断的活力。

多模态教学工具的协同使用还需注重学生的实践操作和体验感知。现代信息技术为语言教学提供了丰富的实践平台，教师应积极利用这些资源，组织学生开展形式多样的实践活动。例如，教师可以指导学生使用虚拟现实头盔或全息投影设备，在虚拟场景中进行语言实践。学生可以在虚拟的中国街道上漫步，与智能化的虚拟人物进行简单对话，亲身感受汉语的魅力。并且，教师也可以引导学生参与在线协作写作，利用云端协同平台共同完成创意写作任务。如此一来，学生就在多人协作中锻炼了语言表达和团队合作能力，在反复修改和评议中提升了写作水平。

此外，多模态教学工具的协同使用还需体现因材施教和个性化学习的理念。教师应充分利用智能化教学工具的优势，为不同学生提供个性化的学习支持。例如，教师可以在智慧教学平台上设置自适应学习路径，根据学生的学情数据和诊断反馈，推送匹配度高的学习资源，实现因材施教。学生可以根据自身语言水平和学习进度，灵活调整学习内容和节奏，实现个性化学习目标。

总之，多模态教学工具的协同使用需要教师在把握工具特性的基础上，围绕教学目标和学生需求进行精心设计。视听结合、游戏化互动、实践与体验、因材施教与个性化学习等策略的综合运用，能够增强国际中文智慧教育的吸引力和实效性，为学生提供身临其境的沉浸式学习体验，激发学生主动探究语言奥秘、体验文化魅力的热情。只有不断创新多模态教学工具的协同使用策略，深度挖掘智慧教育的潜力，才能真正实现教学相长、师生共进，促使国际中文教育迈上新台阶。

（三）协同效果优化

在多模态教学工具协同使用的过程中，优化协同效果是至关重要的环节。教师需要深入分析各类工具的特性，探索它们之间的互补关系，设计出科学合理的协同使用策略，如此才能真正发挥多模态教学的优势，提升教学质量和效率。

从教学内容的呈现方式来看，不同的多模态教学工具各有所长。例如，文本工具适合呈现理论知识和抽象概念，图像工具能够直观地展示事物的外观特征，视频工具可以动态地演示复杂的操作过程，虚拟现实技术则能够营造身临其境的学习情境。教师应根据教学内容灵活选择并搭配不同的工具，形成优势互补、相得益彰的呈现方式。这样不仅能够满足不同学生的学习需求，激发其学习兴趣，更能够帮助学生全面、深入地理解知识，构建起系统完整的知识体系。

从学生认知加深的角度来看，协同使用多模态教学工具能够有效减轻学生的认知负荷，促使其深度理解并内化知识。认知负荷理论指出，人的工作记忆容量有限，过多的信息输入会导致认知过载，影响学习效果，而恰当地整合多种感官通道的信息输入，则能够发挥人脑加工信息的优势，减轻人的认知负荷。例如，在教授某个物理实验原理时，教师可以先用文本和图像解释基本概念，然后通过视频演示实验过程，最后再利用虚拟仿真技术让学生亲自操作。这种循序渐进、多通道并行的信息呈现方式，能够帮助学生更高效、更全面地掌握知识，达成深度学习的目标。

从学习活动设计的维度来看，多模态教学工具的协同使用能够为教师创设多样化的教学情境，帮助其组织丰富多彩的学习活动。单一模态的工具虽然也能够支持一定的教学活动，但难以满足日益增长的教学需求；而通过协同使用多种教学工具，教师能够打破时空限制，创造亦真亦幻的学习环境，设计出静动相结合的学习任务。学生在这样的活动中能够得到多感官的刺激，产生主动学习的积极性，在与环境和他人的互动中建构知识体系、内化技能。可见，多模态教学工具协同使用所带来的丰富情境和多元活动，有助于学生核心素养的培养和综合能力的提升。

当然，多模态教学工具的协同使用也并非万能灵药，教师还需注意一些问题。首先，工具的选择应遵循适度、适切的原则。过度使用或盲目堆砌工具，非但不会提升教学效果，反而会分散学生注意力，给学生造成认知负担。其次，工具的使用应服务于教学目标和学生需求，避免为使用而使用。任何脱离教学实际的"炫技"行为，都是对教学资源的浪费。最后，教师应加强对学生的引导和监控。多模态教学工具虽然能为学生提供自主探索的空间，但如果缺乏必要的指引和反馈，学生也容易迷失方向，导致学习效率低下。

优化多模态教学工具的协同使用效果是一个循序渐进、与时俱进的过程。它要求教师深入把握学科特点和学生认知规律，坚持以学生发展为中心的理念，不断更新教学观念，创新教学方法。只有立足教学实际，整合多方资源，加强实践探索，才能真正实现多模态教学工具的优势互补，最终达成提升教学质量、促进学生全面发展的目标。这既是智慧教育时代对教师专业发展的客观要求，也是不断推进教育信息化、提升人才培养质量的必由之路。

四、教学工具的用户体验优化

（一）用户界面设计

用户界面设计在教学工具集成中扮演着至关重要的角色。一个精心设计的用户界面不仅能够提升教师使用工具的效率和体验感，更能够激发其探索和创新的热情。面对海量的教学数据和复杂多变的教学场景，教师迫切需要一个直观、易用、高效的界面来支撑其开展日常教学活动。因此，教学工具的界面设计必须以教师的实际需求为中心，遵循人机交互的基本规律，为教师提供个性化、人性化的使用体验。

首先，界面设计需要保证功能的完备性和操作的便捷性。教学工具的功能模块应该全面覆盖备课、授课、作业、测评等各个教学环节，并提供清晰明了的导航和布局，帮助教师快速定位所需功能。同时，常用功能应设置便捷访问入口，最小化操作路径，提高使用效率。在功能配置上，界面设计还应考虑不同教师的个性化需求，提供自定义选项，让教师能够根据自身习惯和教学特点调整界面。例如，支持教师自主设置常用工具组合、自定义界面主题、个性化桌面布局等，以适应不同教师的教学风格和偏好。

其次，界面设计要注重信息的有效组织和呈现。面对纷繁复杂的教学数据，界面应该以清晰的信息架构和直观的可视化方式帮助教师快速理解并洞察数据背后的教学规律。利用图表、色彩、动效等多种设计元素，将抽象的数据呈现得更为生动形象，减轻教师的认知负荷。例如，可以通过学情仪表盘直观展示学生的课堂表现和学习进度，运用热力图呈现班级学生对知识的掌握情况，使用树状图表现知识点之间的关联，借助交互式网络拓扑揭示学生的社交互动等。同时，面对不同类型的数据，界面还应提供多样化的分析视角和展现形式，支持教师灵活选择和切换，从而全面把握教学状况。

再次，界面设计需要营造轻松愉悦的使用氛围。教学工作本就十分繁重，教师面临着备课、授课、批改作业、教研等诸多任务，难免会产生疲劳感和压力。因此，教学工具的界面应该摒弃冰冷、枯燥的设计风格，注入轻松、活泼、富有亲和力的元素，舒缓教师的工作压力，为其带来愉悦的使用体验。例如，采用明快的色彩搭配、友好的语言表达、生动的图形化界面等，让教师在使用工具的过程中感受到放松和愉悦。同时，界面还可适度融入游戏化设计，增添趣味性和互动性，调动教师使用的积极性。

最后，界面设计还应充分考虑无障碍访问和跨平台适配。面对不同年龄、不同背景的教师群体，界面需要提供多种无障碍访问途径，如键盘导航、语音控制、色盲模式等，确保每一位教师都能无障碍地使用教学工具。同时，教学工具往往需要在计算机、平板、手机等多种设备终端上使用，界面设计必须充分适配不同屏幕尺寸和不同交互方式，实现跨平台的一致性体验，方便教师随时随地开展教学工作。

综上所述，以用户为中心、体贴入微地进行界面设计，是教学工具集成不可或缺的一环。唯有站在教师的角度，充分理解其所思所想，用心打磨每一个设计细节，才能真正为教师赋能，激发其运用教学工具开展教学的热情和潜力。在人工智能时代，技术与教育的深度融合必将扩展教育的时空边界，而友好、智能、人性化的界面设计，则是连接技术与教师并驱动智慧教学变革的重要纽带。未来，设计师、技术专家、教师还需协同探索，不断优化界面设计，以创新的设计理念和方法赋能教师专业发展，为智慧教育的蓬勃发展注入不竭动力。

（二）交互流程优化

交互流程优化是教学工具集成的重要环节，它直接影响着教师使用工具的体验感和效率。一个精心设计、流畅顺滑的交互流程，能够减轻教师的认知负荷，提升教学效果；相反，混乱无序、烦琐低效的交互流程，则会成为教师使用工具的障碍，降低教学质量。因此，在进行教学工具集成时，必须高度重视对交互流程的优化。

交互流程优化需要遵循以用户为中心的设计理念。教师作为教学工具的主要用户，其需求和使用习惯应成为界面设计首要考虑的内容。设计师应深入了解教师的教学场景和工作流程，根据这些内容来设计交互流程。例如，在备课阶段，教师需要搜集和整理教学资源，设计教学活动。相应地，教学工具应为其提供便捷的资源检索和管理功能，以及灵活多样的活动设计模板。在课堂教学阶段，教师需要实时呈现教学内容，组织学生互动。因此，教学工具的交互流程应支持快速的内容展示和多种互动方式切换。总之，交互流程的设计应紧紧围绕教师的实际需求，为其提供个性化、智能化的服务。

交互流程优化还应遵循简洁一致的设计原则。复杂冗余的交互流程不仅会增加教师的学习成本，还会干扰教学过程。因此，设计人员应尽量简化交互步骤，避免不必要的操作。同时，在跨工具、跨平台的集成过程中，应保持交互逻辑的一致性。相似的功能应采用相似的操作方式，减轻教师的认知负荷。此外，针对不同层次的用户，还应为其提供个性化的交互流程，对于初级用户，可以提供向导式的操作引导；对于高级用户，则可以提供更多的自定义选项，满足其专业化需求。

交互流程优化离不开教师的参与和反馈。在设计和开发阶段，设计师应邀请教师代表参与需求分析和可用性测试，了解其对交互流程的真实感受和改进建议。在实际应用阶段，应为教师提供便捷的反馈渠道，及时收集其使用体验和优化诉求。只有基于教师的反馈，持续迭代优化交互流程，才能真正满足教学需要，提升教学效果。

交互流程优化是一项系统工程，它涉及教学理念、技术手段、用户研究等多个方面。在大数据时代，借助学习分析、人工智能等技术，可以洞察教师的行为模式，为交互流程优化提供精准指引。同时，在优化过程中，也应注重人文关怀，为教师提供友好、舒适的使用体验。

总之，交互流程优化是教学工具集成的关键一环。它以用户为中心，遵循简洁一致的设计原则，重视教师的参与和反馈，最终目的是为教师提供个性化、智能化的服务，提升教学效率和质量。在智慧教育时代，不断探索交互流程优化的新思路、新方法，已成为教学工具优化的重要使命和必修课题。

（三）用户反馈机制

为了真正发挥用户反馈机制在优化教学工具方面的作用，教师需要深入理解其内在逻辑和运行规律。用户反馈机制的核心在于建立教学工具开发者与使用者之间双向沟通的渠道，形成良性互动。一方面，开发者可以通过用户反馈及时发现工具存在的问题，不断改进和完善；另一方面，使用者也能借此机会表达自己的真实需求，促使工具更加贴近教学实际。只有在开发者和使用者的共同努力下，教学工具才能不断迭代升级，更好地服务于教与学。

具体来说，构建高效的用户反馈机制需要把握以下几点。

首先，反馈渠道应便捷易用。教师在使用教学工具的过程中，随时可能产生各种想法和建议。如果反馈渠道过于复杂或烦琐，很可能会挫伤教师的积极性。因此，设计反馈界面时要充分考虑用户体验，尽可能简化操作流程，降低反馈门槛。例如，可以在工具主界面设置醒目的"意见反馈"按钮，一键唤起反馈窗口；在反馈表单中提供多个选项，最大限度减少教师的文字输入量；允许教师上传截图或录屏，直观展示问题所在。总之，要让教师能够轻松、愉悦地参与到反馈活动中来。

其次，反馈内容应全面覆盖。用户在使用教学工具的过程中，可能会对各个方面提出反馈，包括功能设计、界面布局、操作体验、资源内容等。一个完善的反馈机制，应该为这些不同维度的反馈预留接口。例如，在反馈表单中设置"功能建议""界面优化""内容反馈"等类别，引导用户有的放矢地提供意见；开放文本框，鼓励用户畅所欲言，表达个性化需求。与此同时，教学工具后台还应该记录用户的实际使用数据，如访问频率、使用时长、功能点击率等，作为优化迭代的重要参考。只有将数据反馈与主观反馈相结合，才能形成立体、完整的用户画像。

再次，反馈处理应及时高效。用户提交反馈后，若迟迟得不到回应，难免会产生"石沉大海""声音无用"的负面情绪。因此，运营团队应建立常态化的反馈处理机制，安排专人负责收集、整理、分析用户反馈。对于一些共性问题或急迫诉求，要第一时间响应，并明确后续的优化计划和工作流程。即便一时无法满足用户需求，也要与之保持良性互动，解释原因，提供替代方案。只有让用户感受到自己的声音备受重视，才能调动其持续参与反馈的热情。

最后，反馈成果应公开透明。教学工具的升级迭代源于用户的反馈，每一次优化背后都凝结着教师的心血。因此，运营团队有必要向用户公布教学工具优化成果，说明每个版本都针对哪些反馈进行了改进。这不仅是向用户致敬，更是一种责任担当，定期的优化日志或升级说明可以让教师了解工具的发展脉络，增强参与感和认同感。同时，运营团队还可以采取创新方式激励用户反馈，如对优质反馈进行表彰，对活跃用户给予奖励，营造"反馈有价值，参与有回报"的良好氛围。

综上所述，用户反馈机制是教学工具优化不可或缺的重要环节。它搭建起了连接开发者与使用者的桥梁，让教学工具在二者的互动中不断成长。唯有以开放的姿态拥抱用户反馈，以严谨的态度对待用户反馈，教学工具才能保持旺盛的生命力，实现与教育教学的同频共振。

五、教学工具的安全性与隐私保护

（一）数据加密技术

数据加密技术是教学工具安全性提升的重要保障。在大数据时代，教学工具汇聚了海量的学生学习行为数据和个人隐私信息，这些数据一旦泄露或被不法分子利用，将给学生和学校带来难以估量的损失。因此，运用先进的数据加密技术，全方位保护数据的安全，已成为教学工具集成中不可或缺的环节。

当前，对称加密和非对称加密是两类最常用的数据加密技术。其中，对称加密指加密和解密使用相同的密钥。这种加密方式速度快、效率高，适用于大量数据的加密场景，但其密钥管理较为复杂，一旦密钥泄露，数据安全将受到严重威胁；非对称加密则使用一对密钥，公钥用于加密，私钥用于解密。RSA 是使用最广泛的一种非对称加密算法。与对称加密相比，非对称加密的安全性更高，但加密速度较慢，不适合数据量较多的场景。在实践中，人们通常采用对称加密和非对称加密相结合的方式，兼顾安全性和效率。

数据加密是一个系统的工程，需要全流程、多层次的安全防护。在教学工具的设计开发阶段，设计师就应将数据加密理念融入其中，通过加密底层数据存储、建立完善的身份认证与访问控制机制、部署安全通信协议等措施，构筑起一道道防线，抵御各种安全威胁。同时，加密方案的选择也要因地制宜，根据数据的敏感程度、使用场景等因素，权衡安全性、性能、成本，选择最优的加密技术和密钥管理策略。

此外，数据加密方案不应该是一成不变的。随着密码学的发展和攻击手段的升级，加密技术也在不断发展。因此，教学工具要与时俱进，持续跟踪密码学前沿动态，适时更新和升级加密方案，消除可能存在的安全隐患。只有与时俱进，在动态变化中保证数据安全，才能为师生创造一个可信的教学环境。

强大的数据加密技术是教学工具的安全基石，其重要性不言而喻。随着智慧教育的深入推进，教学数据的规模将日益庞大，其安全防护也将面临更大挑战。唯有从顶层设计入手，应用前沿的加密技术，构建严密的安全防线，教学工具才能真正为教育数字化转型保驾护航。数据安全是智慧教学的生命线，需要教师、管理者和技术提供商携手，共同探索符合教育场景特点的数据加密之道，为智慧教育插上腾飞的翅膀。

（二）用户隐私政策

用户隐私政策是教学工具安全运行的重要保障。在大数据时代，教学工具收集、存储和处理的数据日益增多，这其中不可避免地包含一些敏感信息，如学生的个人资料、学习记录、成绩评定等。如果这些数据被非法获取或滥用，不仅会侵犯学生的隐私权，还可能对其学习和生活造成不良影响。因此，制定科学、合理的用户隐私政策，确保学生数据安全，已成为教学工具集成过程中不可忽视的重要环节。

从法律层面来看，用户隐私政策需要符合相关法律法规的要求。我国已先后出台了《中华人民共和国网络安全法》《中华人民共和国数据安全法》《中华人民共和国个人信息保护法》等法律，对个人信息的收集、存储、使用、共享等行为做出了明确规定。教学工具作为信息系统，其中的用户隐私政策必须严格遵守这些法律的规定，不得侵犯学生的合法权益。同时，隐私政策还应符合相关政府部门的具体要求，切实维护教育数据安全。只有在合法合规的前提下，教学工具才能赢得用户的信任，实现可持续发展。

从技术层面来看，用户隐私政策的落实需要可靠的数据安全技术做支撑。首先，教学工具应采用先进的数据加密技术，对敏感数据进行加密存储和传输，防止数据被非法截获或窃取。其次，要建立严格的数据访问控制机制，根据用户角色和权限设置差异化的数据访问策略，做到按需访问，杜绝超权限操作。再次，要采用先进的身份认证技术，运用多因素认证、生物特征识别等手段，确保只有合法用户才能访问相应数据。最后，还要加强数据安全监测和审计，及时发现和处置可疑行为，做到防患于未然。

从管理层面来看，用户隐私政策需要完善的管理制度和健全的内部管理体系予以保障。教学工具运营机构应成立数据安全管理委员会，负责制定数据安全管理制度，明确数据收集、存储、使用、共享、销毁等各环节的安全要求。同时，要加强内部的数据安全教育和培训，提高全员的数据安全意识和技能，在机构内部树立"学生数据安全高于一切"的理念。在发生数据安全事件时，要快速响应，启动应急预案，及时止损，并向相关方通报。只有从管理制度、人员培养、应急响应等方面入手，构建多层次、全方位的数据安全管理体系，才能从根本上消除数据泄露风险。

此外，用户隐私政策的制定还应充分尊重学生的知情权和选择权。教学工具应以通俗易懂的语言向学生说明数据收集的目的、方式和范围，以及数据的存储期限、共享对象等，让学生明明白白地享受智慧教育服务。对于超出教学服务范围的数据收集，应事先征得学生的同意，不得强制捆绑或默认授权。同时，要为学生提供便捷的途径来行使其数据权利，包括查询、更正、删除个人数据等，切实保障学生对个人数据的控制权。

面对日益复杂的网络环境和学生日益增长的隐私保护需求，教学工具必须高度重视用户隐私政策，将其作为集成过程的重中之重。只有立足法律规定、技术可行性、管理的现实性，制定科学合理的隐私政策，并在实践中严格执行，才能在保护学生数据安全的同时，实现智慧教育数据要素的高效集成与流转，为教育现代化发展提供坚实的数据底座。这既是智慧教育发展的必然要求，也是各参与主体的共同责任。

（三）安全漏洞防护措施

及时发现和修复安全漏洞是保障教学工具安全运行的必要手段。常见的安全漏洞包括代码注入、跨站脚本攻击、身份验证绕过等。为了有效降低安全漏洞带来的风险，开发者应进行安全编码实践，如输入验证、参数化查询、安全会话管理等。同时，还应定期进行安全测试和漏洞扫描，及时发现和修复潜在的安全问题。建立完善的安全事件响应机制也是教学工具安全漏洞防护不可或缺的一环。安全事件响应机制应包括事件监测、分析、处置、恢复等环节，形成快速、有序、高效的应急响应流程；应通过部署入侵检测系统、安全信息和事件管理系统等安全监控工具，实时监测系统运行状态和异常行为，及时发现和响应安全事件。

值得一提的是，提高用户的安全意识和技能同样至关重要。教师和学生作为教学工具的主要用户，其安全意识和操作习惯直接影响着数据的安全性。因此，有必要开展针对性的安全教育和培训，普及数据安全、个人隐私保护、密码管理等方面的知识，提高用户识别和防范安全风险的能力。

　　总的来说，教学工具的安全漏洞防护需要从技术、管理、人员等多个维度入手，形成全方位、多层次的安全防护体系。数据加密、隐私保护、漏洞修复、安全事件响应、安全意识培养等措施缺一不可，只有各环节协同发力，才能构筑起教学工具的安全防线，为教育信息化的健康发展保驾护航。在大数据时代，智慧教育已成为教育现代化的必由之路。确保教学工具的安全性和可靠性，不仅关乎教育数据和用户隐私的保护，更关乎智慧教育生态的构建和人才培养质量的提升。这需要政府、学校、企业、教师、学生等多方主体共同努力，推进智慧教育的安全发展，最终实现国际中文教育信息化、智能化。

第五章　大数据驱动下国际中文智慧教育教学方法与实践

本章主要介绍大数据驱动下国际中文智慧教育教学方法与实践，包括国际中文智慧教育教学方法的创新、教学实践案例与教学效果的评估与反馈等内容。这些内容的有效探索，实现了对学生学习过程的全方位跟踪，不仅提高了评估的精准度，更为学生的个性化学习路径设计奠定了坚实的基础。

第一节　国际中文智慧教育教学方法的创新

本节将从个性化学习路径的定制、智能辅助教学系统的应用、数据驱动的实时反馈与调整，以及混合式学习模式的探索等四个方面，详细阐述大数据驱动下国际中文智慧教育教学方法的创新。

一、个性化学习路径的定制：精准定位，因材施教

在大数据技术的支持下，国际中文教育能够为学生提供更加个性化的学习体验。这种个性化不仅体现在学习资源的推荐上，更体现在学习路径的定制上。传统教学模式下"一刀切"的教学方式，难以满足不同学生的学习需求。而大数据技术则能够通过深度挖掘学生的学习数据，识别出每位学生的学习习惯、兴趣偏好及能力水平，从而为其量身定制学习路径。

（一）学习习惯的识别与引导

学生的学习习惯对于其学习效果有着重要影响。大数据技术能够记录并分析学生在不同时间段的学习行为，如学习时长、学习频率、学习时间段的选择等，

从而识别出学生的学习习惯。具体而言，有些学生可能更喜欢在早晨学习，而有些学生则更喜欢在晚上学习，通过识别这些习惯，系统可以为学生推荐更加合适的学习时间和学习环境，引导学生养成良好的学习习惯。

例如，如果一个学生在晚上 8 点到 10 点之间的学习效率最高，系统就可以在这个时间段内为其推送更多的学习任务和练习，同时提醒学生合理安排休息时间，避免过度疲劳。此外，系统还可以根据学生的学习习惯，推荐适宜的学习环境，如安静的学习环境或是有背景音乐的学习环境，以进一步提升学生的学习效率。

（二）兴趣偏好的挖掘与满足

学生的兴趣偏好是影响其学习动力和参与度的重要因素。大数据技术能够分析学生在不同主题、不同难度级别的学习过程中的表现，从而挖掘出学生的兴趣偏好。例如，有些学生可能对中国古代文学更感兴趣，而有些学生则可能更喜欢中国现代文学。系统可以根据这些兴趣偏好，为学生推荐相关的学习资源和活动，满足其个性化学习需求。

在实际应用中，大数据系统可以分析学生在阅读、观看视频、参与讨论等方面的行为数据，识别出学生的兴趣点。例如，一个学生在观看关于中国历史的视频时表现出浓厚的兴趣，系统就可以推荐更多相关的历史资料和课程，以满足其好奇心和求知欲。同时，系统还可以根据学生的兴趣偏好，组织线上或线下的文化交流活动，如文学讲座、电影放映等，让学生在轻松愉快的氛围中学习中文。

（三）能力水平的评估与提升

学生能力水平的高低是学习路径定制的重要依据。大数据技术能够评估学生在听、说、读、写等方面的能力水平，从而为其推荐适合的学习资源和练习题目。例如，对于口语能力较弱的学生，系统可以推荐更多的口语练习和对话模拟训练；对于阅读能力较弱的学生，则可以推荐更多的阅读材料和阅读理解练习。通过这种方式，系统能够帮助学生逐步提升各项能力。

在评估学生的能力水平时，系统可以采用多种方法，如在线测试、作业完成情况、课堂表现等。通过对这些数据的综合分析，系统可以准确评估学生在各个方面的能力水平，并为其推荐个性化的学习资源和练习。例如，如果一个学生在口语表达方面存在困难，系统可以为其推荐口语练习软件和在线对话课程，同时提供实时的反馈和指导，帮助学生克服口语学习困难。通过这种方式，大数据技术不仅能够帮助学生提升能力水平，还能够增强其学习自信心和动力。

二、智能辅助教学系统的应用：科技赋能，减负增效

智能辅助教学系统是大数据技术在国际中文教育中的又一重要应用。这些系统能够利用自然语言处理、机器学习等技术，自动解答学生的疑问，并为学生提供学习建议，甚至与学生进行简单的对话练习。智能辅助教学系统的应用不仅减轻了教师的负担，还为学生提供了更加便捷、个性化的学习支持。

（一）自动解答疑问与提供建议

学生在学习中文的过程中，难免会遇到各种疑问。传统教学模式下，学生可能需要等待教师来解答，或者通过查阅书籍、网络等方式自行寻找答案，不仅效率低下，还可能因为信息不准确而受到误导。而智能辅助教学系统则能够利用自然语言处理技术，迅速理解学生的问题，并给出准确、详细的答案。

例如，学生在阅读中文文章时遇到不理解的词或句子时，只需将问题输入系统，系统便能立即提供该词或句子的解释、用法及相关的例句，帮助学生迅速掌握知识点；学生在进行写作练习却感到无从下手时，系统可以根据学生的写作水平和需求，为其提供写作指导、范文参考等，帮助学生提高写作水平。

此外，智能辅助教学系统还能根据学生的学习情况，为其推荐相关的学习资源，如优质的中文书籍、在线课程、语言交流平台等，帮助学生拓宽学习渠道，提升学习效果。同时，系统还能提醒学生注意学习进度，合理规划学习时间，避免拖延和浪费时间。

（二）对话练习与口语评估

口语能力培养是国际中文教育的重要组成部分，口语也是学生较难掌握的技能之一。传统的口语练习方式往往缺乏真实的语言环境，难以激发学生的学习兴趣和积极性。而智能辅助教学系统则能够利用语音识别和合成技术，与学生进行简单的对话练习，模拟真实的语言环境，帮助学生提高口语表达能力和理解能力。

在对话练习中，系统可以根据学生的口语水平和需求，设定不同的话题和场景，如日常生活对话、商务交流、学术讨论等，让学生在实际应用中锻炼口语技能。同时，系统还能对学生的口语表达进行评估，指出其发音、语调、语速等方面的问题，并给出相应的改进建议。这种实时的口语评估与反馈机制，有助于学生及时发现并纠正自己的口语问题，提高口语表达的准确性和流利度。

（三）学习进度与成效的跟踪与分析

智能辅助教学系统还能够实时跟踪学生的学习进度和成效，为教师提供详细的学习报告。这些报告包括学生的学习时长、练习完成情况、成绩变化等信息，有助于教师及时了解学生的学习情况，发现其潜在的学习问题，从而调整教学策略，为学生提供更加精准的教学指导。

例如，系统可以记录学生每天的学习时间、完成的练习数量和质量等信息，并通过数据分析技术，发现学生在学习过程中存在的薄弱环节和进步空间。教师可以根据这些报告，为学生提供个性化的辅导和支持，帮助他们克服学习困难，提高学习效果。同时，系统还能对学生的成绩变化进行趋势分析，预测学生未来的学习表现，为教师制订教学计划提供参考。

总之，智能辅助教学系统的应用为国际中文教育带来了革命性的变化。它不仅能够自动解答学生的疑问，为学生提供学习建议，还能与学生进行对话练习并评估学生口语学习情况，实时跟踪学生的学习进度和成效。这些功能不仅减轻了教师的负担，还为学生提供了更加便捷、个性化的学习支持，加快了国际中文教育的现代化进程。随着技术的不断发展和完善，相信智能辅助教学系统将在未来发挥更加重要的作用。

三、数据驱动的实时反馈与调整：动态优化，确保效果

在大数据的支持下，国际中文教育的教学活动能够实现实时反馈与调整。这种反馈与调整机制不仅提高了教学效率，还确保了教学活动的针对性和有效性。

（一）学习进度的实时监控

在大数据技术的赋能下，学生的学习进度可以被实时监控，促使他们能够按照预定的学习路径稳步前进。这一功能的实现，得益于大数据技术对学生学习数据的全面收集和深入分析。系统能够实时追踪学生在各个学习阶段的学习情况，包括学习时间、学习内容的完成情况、学习资源的利用情况等，从而对学生的学习进度有一个全面而准确的了解。当系统发现某位学生的学习进度滞后或偏离了预定的学习路径时，它会立即发出提醒，并给出相应的建议。例如，如果系统发现某位学生在某个主题上的学习进度较慢，它可能会推荐更多的相关学习资源和练习题目，以帮助学生加快学习进度。这种及时的提醒和建议，有助于学生及时调整学习策略，确保自己能够跟上学习节奏，避免因进度滞后而影响整体学习效果。

此外，大数据技术还可以对学生的学习进度进行趋势分析，预测学生未来的学习表现。通过对学生学习数据的持续跟踪和分析，系统能够发现学生的学习习惯和规律，从而为其提供更加个性化的学习建议。例如，如果系统发现某位学生在晚上学习效果更好，它可能会建议该学生调整学习计划，将重要的学习任务安排在晚上。

（二）学习成效的即时评估

大数据技术不仅能够实时监控学生的学习进度，还能够即时评估学生的学习成效，为教师提供准确的反馈信息。这种评估不仅关注学生的学习成绩，还关注他们在学习过程中的表现和努力程度，能使教师更加全面地了解学生的学习情况。

系统可以通过分析学生在练习中的错误类型和频率，判断其对知识点的掌握情况。例如，如果系统发现某位学生在某个知识点上频繁出错，它可能会推断出该学生对这个知识点掌握得不够牢固，从而及时推荐相关的学习资源和练习题目，帮助其巩固知识点。这种即时的错误反馈和针对性的学习资源推荐，有助于学生及时发现并纠正自己的学习问题，提高学习效率。

除了对练习错误的分析，大数据技术还可以对学生的学习数据进行多维度分析，如学习时间分布、学习资源类型偏好等。通过这些分析，系统能够发现学生的学习特点和偏好，从而为其提供更加个性化的学习建议。例如，如果系统发现某位学生更喜欢通过观看视频来学习新知识，它可能会为其推荐更多的视频学习资源，以满足学生的学习需求。

对于教师而言，学习成效的即时评估也具有重要意义。通过系统提供的反馈信息，教师可以及时了解学生的学习情况，发现其潜在的学习问题。

（三）教学策略的动态调整

基于实时的学习反馈和评估结果，教师可以动态调整教学策略和内容，以适应学生的学习需求和进度。这种动态调整机制是大数据技术在国际中文教育中的重要应用之一，它能确保教学过程的灵活性和有效性。

系统在发现大多数学生在某个主题上存在学习困难时，就会提醒教师根据反馈信息增加相关的教学内容和练习题目。例如，如果系统显示学生在语法练习上频繁出错，教师可以安排更多的语法讲解和练习，以帮助学生更好地掌握语法知识。这种具有针对性的教学内容可以帮助学生解决学习难题，提高教学效果。

当系统发现某位学生的学习成效显著时，教师就可以根据系统数据为其推荐更高难度的学习内容和挑战任务。例如，如果系统显示某位学生在阅读理解和写作方面表现出色，教师就可以为其推荐更高级别的阅读材料和写作任务，以激发其学习潜力和兴趣。这种个性化的学习挑战可以满足学生的学习需求，促进其更优发展。

除教学内容的调整外，教师还可以根据学生的学习反馈调整教学方法和手段。例如，如果系统显示某位学生在课堂上难以集中注意力，教师可以尝试采用更加生动有趣的教学方式，如互动式教学、情境教学等，以吸引学生的注意力，并提高教学效果。这种教学方法的动态调整，可以让教学内容适应不同学生的学习特点和需求，提高教学的针对性和有效性。

值得一提的是，教学策略的动态调整不仅依赖大数据技术提供的反馈信息，还需要教师具备丰富的教学经验和敏锐的洞察力。教师要准确解读系统提供的反馈信息，并结合自己的教学经验和判断，制定出合适的教学策略和内容。同时，教师还要与学生进行有效的沟通和交流，了解他们的学习需求和困惑，以便更好地调整教学策略和内容。

四、混合式学习模式的探索：融合线上与线下

混合式学习模式结合了线上学习和线下学习的优势，成为大数据驱动下国际中文教育的重要发展方向。一般情况下，线上平台提供丰富的学习资源和互动工具，线下课堂则注重深度讨论和实践操作。这种混合式学习模式不仅提高了学生的学习效率，还培养了学生的自主学习能力和团队协作能力。

（一）线上学习资源的丰富性

在混合式学习模式中，线上平台成了学生学习的重要阵地。在大数据技术的支持下，这些平台为学生提供了丰富多样的学习资源，包括但不限于视频课程、电子书籍、在线测试等，全方位覆盖了听、说、读、写等各个学习领域。这些资源的多样性和便捷性，极大地满足了学生的个性化学习需求。

学生可以根据自己的学习进度和兴趣，自由选择适合自己的学习资源。例如，想要提高口语能力的学生，可以选择观看大量的口语练习视频，模仿并实践对话内容；而喜欢阅读的学生，则可以挑选电子书籍进行深入研读，拓宽知识面。此外，在线测试系统还能根据学生的答题情况，智能推荐相关的学习资源和练习题，帮助学生查漏补缺，巩固所学知识。

线上平台的互动工具也是此学习模式的一大亮点。学生可以通过论坛、聊天室等渠道与教师和其他同学进行实时交流，分享学习心得，解决学习疑问。这种即时反馈机制不仅增强了学生的参与感，还促进了学习共同体的形成，使学习活动变得更加生动有趣。

（二）线下课堂的深度互动与实践

虽然线上学习资源丰富多样，但线下课堂在混合式学习模式中同样占据着举足轻重的地位。线下课堂注重深度讨论和实践操作，为学生提供了将所学知识应用于实际情境的机会，从而加深了其对知识的理解。

在线下课堂中，教师可以通过组织小组讨论、角色扮演等活动，引导学生积极参与互动交流。例如，在教授商务汉语相关知识时，教师可以设计模拟商务谈判的场景，让学生分组进行角色扮演，实践谈判技巧和商务礼仪。这种实践活动不仅锻炼了学生的口语表达能力和应变能力，还培养了他们的团队协作精神和跨文化交际能力。

此外，线下课堂还为学生提供了与教师面对面交流的机会。教师可以根据学生的学习情况和反馈，及时调整教学策略和内容，确保教学效果的最大化。同时，学生也可以在课堂上直接向教师提问，获得即时的解答和指导，这种个性化的教学服务是线上学习难以替代的。

（三）混合式学习模式的优势与挑战

混合式学习模式结合了线上学习和线下学习的优势，为国际中文教育带来了诸多益处。首先，它打破了时间和空间的限制，使学生能够随时随地进行学习，提高了学习的灵活性和便捷性。其次，通过线上资源的丰富性和线下课堂的深度互动，混合式学习模式能够满足不同学生的学习需求，促进其个性化发展。最后，这种学习模式还有助于培养学生的自主学习能力和团队协作能力，为他们未来的学习和工作奠定坚实的基础。

然而，混合式学习模式也面临着一些挑战。首先，如何确保线上学习与线下学习的有效衔接是一个关键问题。教师需要精心设计教学活动，确保线上学习和线下课堂之间形成互补关系，避免出现知识断层或重复学习的情况。其次，评估学生在混合式学习模式下的学习成效也是一个难题。教师需要采用多元化的评价方式，综合考虑线上学习数据、课堂表现、作业完成情况等多个方面，以全面、客观地评价学生的学习效果。最后，培养学生的自主学习能力也是一项长期而艰巨的任务。教师需要引导学生树立正确的学习观念，掌握有效的学习方法，逐步培养他们的自主学习能力和自我管理能力。

在探索和实践混合式学习模式的过程中，国际中文教育正逐步迈向一个更加开放、多元、高效的发展阶段。我们有理由相信，在大数据技术的支持下，混合式学习模式将成为推动国际中文教育创新发展的重要力量，为培养更多优秀的人才贡献智慧和力量。

第二节　教学实践案例

一、案例一：北京语言大学"三段九步"教学模式

北京语言大学作为国际中文教育的领航者，长期以来致力于探索现代科技手段在提升中文教学效果方面的作用。在信息技术飞速发展的背景下，本部分将以北京语言大学为例，探索"三段九步"教学模式，并依托"国际中文智慧教学系统"进行深入的实践应用研究。该模式旨在解决"统一化的教"与"个性化的学"之间的矛盾，实现规模化教学与个性化培养的和谐统一，为国际中文教育开辟了新的教学路径。

（一）"三段九步"教学模式实施过程

1.课前阶段

在课前阶段，该教学模式充分利用大数据技术，精准刻画学生的学情特征。这包括对学生认知准备状态和情感准备状态的全面而深入的分析。认知准备状态主要关注学生在学习新课前已具备的知识和技能；情感准备状态则侧重于学生对新学内容的熟悉程度和感兴趣程度。为实现这一目标，教师可通过主题图片、实况听力材料、微视频等多样化的媒体形式激活主题，并通过问卷、量表等手段深入了解学生的情感准备状态。同时，教师还可借助智慧教学系统为学生提供预习资源和预习效果检测工具，引导学生自主预习，并记录学生的学习数据。这些数据为教师制订弹性化的教学预案、设计高适配性的教学资源和教学干预策略提供了坚实的数据基础。

2.课中阶段

在课中阶段，该教学模式借助智慧教学系统实时记录学生的学习数据，包括课堂参与度、互动情况、学习进度等关键指标。通过对这些数据的深入分析，教师能够及时了解学生的学习状况，发现教学中存在的问题，并据此调整教学策略。例如，当发现某个知识点学生掌握不牢固时，教师可以适时增加讲解和练习的时间；当发现某个学生的学习进度滞后时，教师可以迅速给予个别辅导。这种基于数据反馈的教学调整机制确保了教学活动的有效性和高效性，显著提升了教学效果。

3.课后阶段

在课后阶段，该教学模式通过在线测试、作业提交等方式收集学生的学习成效数据。这些数据为教师全面评估学生的学习情况提供了重要依据。教师可利用大数据分析技术对这些数据进行深入处理和分析，进而了解学生在各个知识点上的掌握程度和学习成效。在此基础上，教师可为学生制订个性化的学习计划和辅导方案，帮助他们巩固所学知识、提高学习效果。此外，教师还可将评估结果反馈给学生和家长，促进家校共育，形成教育合力。

（二）实践应用效果分析

经过实践应用，"三段九步"教学模式在北京语言大学的初级口语课中取得了显著成效。学生的学习兴趣和学习效果均得到了显著提升。通过精准刻画学情特征、实时记录学习数据、全面评估学习成效等措施，教师能够更加精准地把握学生的学习情况和需求，制订更加个性化的教学计划和辅导方案。这极大地激发了学生的学习积极性和主动性，使他们在学习过程中能够更加主动地参与课堂活动、完成学习任务，从而显著提高了学习效果。同时，"三段九步"教学模式还为国际中文智慧教育提供了可借鉴的经验和范式，为其他中文教育机构提供了有益的参考和启示。

二、案例二：清华大学智能语音识别与纠正系统

随着经济全球化进程的加快，国际中文教育在全球范围内迅速发展。然而，对于众多学生而言，中文的发音一直是学习的难点和痛点。传统的发音教学方法往往依赖教师的直观判断和经验指导，缺乏客观、准确的评估手段。因此，开发一种能够实时分析并纠正学生发音的智能系统显得尤为迫切和重要。某人工智能

研究院针对国际中文教育有关课程中学生的发音问题，开发了智能语音识别与纠正系统，并以清华大学为依托进行了相关研究。

（一）智能语音识别与纠正系统的构建

智能语音识别与纠正系统主要由以下几个核心部分组成。

1. 语音信号采集与处理

系统通过麦克风等声音采集设备实时采集学生的发音信息，并进行预处理操作，包括降噪、去回声等关键环节，以确保后续分析的准确性和可靠性。

2. 语音识别与纠正

系统利用先进的语音识别技术，将采集到的语音信号转换为文本形式，并与标准中文发音进行对比分析。一旦发现发音错误，系统立即提供纠正反馈，明确指出错误所在并提供正确的发音示范。这一功能可帮助学生及时纠正发音错误，提高发音准确性。

3. 大数据分析

系统记录并分析学生的发音数据，深入挖掘其发音的共性问题。通过大数据分析技术，系统能够识别出学生在哪些音节、词语或语调上容易出错，从而为教师提供针对性的教学建议。这些建议有助于教师更加精准地把握学生的发音问题，制定更加有效的教学策略。

（二）系统应用效果分析

为了验证智能语音识别与纠正系统的实际效果，该研究团队在多个国际中文教育机构进行了为期数月的实验。实验结果表明，该系统在以下几个方面取得了显著成效。

1. 发音准确性提升

使用该系统后，学生的中文发音准确性得到了明显提升，特别是在容易出错的音节和词语上，学生的发音错误率显著下降。这表明该系统在纠正学生发音错误、提高发音准确性方面发挥了重要作用。

2. 学习效率提高

系统能够实时提供纠正反馈，因此学生能够在练习过程中及时发现并纠正发音错误，学习效率得到了提升。此外，系统的大数据分析功能还为教师提供了有价值的教学参考信息，使得教学更加具有针对性和有效性。这有助于教师更好地指导学生进行发音练习，提高了教学效果。

3. 学习动力增强

该系统通过提供即时反馈和纠正建议，增强了学生的学习动力。学生能够在不断的练习和纠正中感受到自己的进步和成长，从而更加积极地投入中文学习中。这种正向激励机制有助于激发学生的学习兴趣和热情，促使他们持续学习并不断进步。

智能语音识别与纠正系统的成功应用为国际中文教育提供了新的思路和手段。该系统不仅能够帮助学生提高发音准确性，还能够通过大数据分析为教师提供有价值的教学建议。然而，该系统的应用也面临一些挑战和问题，如环境噪声的干扰、不同口音和方言的识别等。未来，该研究团队将进一步优化系统算法，提高系统的适应性，以更好地服务于国际中文教育。

三、案例三：外研在线国际中文教育数智解决方案

为了满足全球中文学习者的多样化需求，提高中文教学效果，外研在线（北京外研在线数字科技有限公司主办网站，简称外研在线）推出了国际中文教育数智解决方案。该方案旨在通过数智技术赋能，推动国际中文教育的数字化转型，为国际中文教育提供全面、创新的教育体系支持。

（一）实施过程

1. 教学工具

在教学工具方面，外研在线做出了巨大贡献。其提供的多元化教学工具可以满足不同学生的学习需求，包括国际中文测评训练平台、多模态资源库、国际中文慕课等。这些工具能够帮助学生更好地掌握中文知识，提高学习效果。例如，国际中文测评训练平台可以为学生提供在线测评资源和服务，帮助他们了解自己的中文水平和学习进展；多模态资源库则包含了电子图书、国际中文精品云课程、国际中文备考资源等各类资源，能为学生提供全方位的学习支持；国际中文慕课则通过在线视频课程的形式为学生提供了灵活便捷的学习方式，帮助他们随时随地学习中文。

2. 教学内容

在教学内容方面，外研在线积极推动教材配套资源和数字教材建设，以满足

现代国际中文教育的需求。其与多家知名出版社合作开发了多套符合国际中文教育标准的数字化教材。这些教材不仅包含了传统的纸质教材内容，还增加了音频、视频、动画等多媒体元素，使得教学内容更加生动、有趣、易于理解。同时，外研在线还积极探索纸质教材的数字化改造，将传统的纸质教材转化为可听、可视、可练、可互动的数字化教材。这种数字化教材能够更好地适应现代学生的学习习惯和需求，提高他们的学习兴趣和学习效果。例如，通过音频和视频元素，学生可以更加直观地了解中文的发音和语调；通过动画和互动元素，学生可以更加深入地理解中文的语法和词汇。

3. 教学环境

在教学环境方面，外研在线支持国际中文教育学科型智慧教室建设，以创造更加优质的教学环境。其为学校提供了多种先进的教学工具，包括语音转写、口语评测、课堂互动工具等。这些工具能够构造沉浸式教学环境，从而提升学生的学习兴趣和学习效果。例如，语音转写工具可以将教师的讲解内容实时转化为文字或音频形式，方便学生进行复习和巩固；口语评测工具则可以对学生的口语表达进行自动评分和反馈，帮助他们提高口语水平；课堂互动工具则可以增加师生之间的互动和交流，提升学生的课堂参与度和学习效果。这些教学工具的应用使得教学环境更加智能化、互动化、个性化，有助于提升学生的学习体验和学习效果。

4. 教学服务

在教学服务方面，外研在线从教师数字素养诊断入手，为教师提供个性化课程资源、定制化培训课程等全方位的教学支持服务。外研在线利用大数据技术和人工智能技术对教师的教学情况进行全面评估和分析，为教师提供有针对性的教学建议和指导。同时，外研在线还为教师提供了丰富的在线学习资源和培训机会，帮助他们不断提升自身的专业素养和教学能力。此外，外研在线还支持中文＋职教出海服务教学改革与人才培养深入发展，实现了教师队伍数字素养的有效提升。外研在线与多家海外教育机构合作，共同推动中文教育的国际化进程，实现了人才培养质量的提升。例如，通过与国际知名教育机构合作，将中文教育资源引入海外市场，为当地学生提供了优质的中文教育服务。同时，外研在线还积极与当地教育机构合作，共同开展中文教学研究和人才培养工作，推动中文教育的国际化发展。

（二）实践应用效果分析

外研在线的数智解决方案已在多所知名院校落地应用并取得了显著成效，学生的学习体验和学习效果得到了大幅提升。在方案实施过程中，学生能够更加便捷地获取丰富的学习资源和工具；同时，通过多维度的学情分析和个性化的学习指导，他们能够更加精准地了解自己的学习情况和需求，制订更加有效的学习计划。此外，教师的教学负担也有所减轻。外研在线提供的数智解决方案能够自动完成部分教学管理和评估工作，减轻教师的工作负担；还能够通过提供个性化的课程资源和培训机会，帮助教师不断提升自身的教学能力和水平。该方案还为国际中文教育的数字化转型提供了有力支持。它推动了国际中文教育教学内容、教学工具和教学环境的数字化改造和升级；通过提供全面的教学服务，支持教师队伍的数字素养提升，推动教学改革深入。这些措施共同推动了国际中文教育的数字化转型和高质量发展。

通过以上三个案例可以看出，大数据技术在国际中文教育中的应用已经取得了初步成效。数据驱动的教学实践不仅提高了教学效果，还促进了教师专业发展，实现了教育资源的优化配置。然而我们也应清醒地认识到，大数据技术在国际中文教育中的应用仍处于起步阶段，仍有许多问题需要解决。

首先，大数据技术的应用需要充分考虑数据安全和隐私保护问题。在收集、分析和利用学生数据的过程中必须严格遵守相关法律法规和伦理规范，确保学生的个人信息不被泄露或滥用。这是大数据技术在教育领域应用的前提和基础，也是保障学生权益的重要措施。

其次，大数据技术的应用需要充分考虑不同地区和学校之间的差异性和多样性。在现实生活中，不同地区和学校的教育资源、教学环境和学生学习特点等存在差异，因此在推广大数据技术时需要因地制宜、因材施教，避免"一刀切"的做法。这要求我们在应用大数据技术时要充分考虑实际情况，注重个性化定制，以满足不同地区和学校的实际需求。

最后，大数据技术的应用需要充分考虑教师的专业发展和培训需求。教师只有不断学习和掌握新的教学技术和方法，才能更好地应用大数据技术，提高教学效果和质量。因此，我们需要为教师提供丰富的培训机会和资源，支持他们的专业成长和发展，这包括组织专题培训、开展在线学习、分享成功案例等多种形式。

未来，我们应继续加强大数据技术在国际中文教育中的应用研究和实践探索工作，推动国际中文教育向更加智慧、高效的方向发展。具体而言，我们可以从以下几个方面入手：一是加强对大数据技术与国际中文教育深度融合的研究和探索，推动大数据技术在国际中文教育中的广泛应用和深入发展；二是加强国际中文教育数据资源的建设和共享，实现不同地区和学校之间的数据互通和资源共享，提高数据资源的利用效率和价值；三是提升国际中文教育教师队伍的数字素养，促使教师不断学习并掌握新的教学技术和方法，提高他们的专业素养和教学能力；四是加强国际中文教育数字化转型的政策支持，引导政府、学校和企业等各方力量共同参与国际中文教育的数字化转型和高质量发展。通过实施这些措施，我们可以进一步推动大数据技术在国际中文教育中的应用和发展，培养更多优秀的人才。

第三节　教学效果的评估与反馈

一、教学效果评估指标体系的构建

（一）指标选择原则

构建科学合理的教学效果评估指标体系是保证评估工作客观、公正的前提条件。在构建指标体系时，需要遵循系统性、可操作性和发展性等基本原则。

系统性原则要求指标体系能够全面反映教学效果的各个方面，包括知识传授、能力培养、素质提升等，能使各层级指标之间有逻辑关联，不同维度指标之间有机统一。这就需要我们在构建过程中统筹考虑、协调规划，将育人目标细化分解到每一个具体指标中。

可操作性原则是指评估指标要具体、明确，易于观测和量化，便于实际操作。空泛、笼统的指标虽然涵盖面广，但缺乏可测性和可比性，难以真实反映教学效果。为此，在设计指标时要注重将抽象的教学目标转化为具体的、可观察的学生行为表现，尽可能将指标细化到可以定量描述或定性判断的程度。同时，指标数据的采集要尽量简便易行，避免给一线教师带来过重负担。

发展性原则要求指标体系具有一定的开放性和前瞻性，能够适应教育教学改革发展的需要。当前，信息技术与教育教学深度融合，智慧教学、混合式教学等新型教学模式不断涌现，学生的学习方式和教师的教学方式都发生了深刻变革。评估指标体系的设计要充分考虑这些变化，及时纳入反映教学创新、学习改革的新指标，引导教师主动更新教学理念，优化教学方法，提升教学能力。

总之，构建教学效果评估指标体系的过程较为复杂、系统，需要在实践探索中不断完善。只有坚持正确的设计原则，突出评估的育人导向，提高指标设置的科学性，增强操作的可行性，体现与时俱进的特点，才能构建起契合学校人才培养要求、引领教育教学改革、保障人才培养质量的指标体系，为教学诊断与改进提供科学依据。

（二）指标体系结构

科学、系统的指标体系能够全面反映教学过程和结果，为诊断问题、改进教学提供可靠依据。

要在明确指标选择原则的基础上，设计合理的指标体系结构。一般而言，教学效果评估指标体系可分为若干一级指标，每个一级指标下设置多个二级指标。一级指标应覆盖教学效果的主要维度，如知识目标达成度、能力目标达成度、情感态度目标达成度等；二级指标则进一步细化和具体化一级指标的内容，使其更加明确和可测。例如，在知识目标达成度这一一级指标下，可设置语言知识掌握程度、文化知识理解程度等二级指标。需要注意的是，指标体系应力求全面完整，但要避免过于烦琐，确保每个指标都具有针对性。

构建科学合理的教学效果评估指标体系，是实施教学效果评估、提升教学质量的前提和基础。评估指标是连接教学目标与教学实践的桥梁，对优化教学方法、规范教学过程具有重要作用。因此，在指标体系构建过程中，既要遵循教育评估的一般规律，又要充分考虑国际中文教育的特殊性，确保指标能够真实反映国际中文教育教学的实际效果。只有建立起结构合理的评估指标体系，才能客观诊断国际中文教育教学中的突出问题，准确把握教学改进的方向和重点，不断提升国际中文教育的针对性和有效性。

总之，教学效果评估指标体系是保障国际中文教育教学质量的基石。只有不断探索、持续改进，才能构建起符合国际中文教育教学规律、满足国际中文教育发展需求的指标体系，推动国际中文教育事业迈上新台阶。

（三）指标权重设定

教学效果评估指标体系的科学性和合理性直接影响着评估结果的可靠性和有效性。在构建指标体系时，指标权重的设定是一个关键环节，它决定了各个指标在整个评估体系中的重要程度，只有合理分配指标权重，才能真实、全面地反映教学效果的优劣，为教学改进提供可靠依据。

指标权重设定应遵循客观性原则。教学效果评估涉及诸多方面，如教学目标达成度、学生满意度、教学资源利用率等，各指标的评估范围可能存在交叉和重叠。为了确保评估结果的客观性，指标权重的设定要尽可能排除主观因素的干扰，采用科学的方法，如层次分析法、熵权法等，根据指标的重要性进行量化计算。同时，还要广泛听取专家、一线教师和学生代表的意见，在充分论证的基础上确定权重，提高指标体系的公信力。

指标权重设定还应注重动态性原则。教育教学是一个不断发展变化的过程，评估指标体系也应随之进行动态调整。一方面，随着教育理念的更新和教学实践的深化，原有的一些指标可能不再适用，需要及时剔除或修正；另一方面，由于客观环境的变化，可能会出现一些新的影响教学效果评估的因素，需要补充到指标体系中。因此，指标权重的设定不能一成不变，要定期开展调研和论证，根据实际情况进行动态优化，确保其与教学效果评估的目的相适应、与教学改革的方向相一致。

指标权重设定还要兼顾可操作性原则。再科学、再先进的指标体系，如果在实际运用中操作困难、数据难以获取，也无法发挥作用。因此，指标权重的设定要充分考虑数据采集的可行性，尽量选择结构清晰、易于量化的指标，避免设置过于抽象、难以考查的指标。同时，还要注重评估过程的经济性，平衡指标数量与评估成本之间的关系，力求用最少的指标、最低的成本取得最优的评估效果。

总之，教学效果评估指标体系的指标权重设定是一项系统工程，需要坚持客观性、动态性、可操作性等基本原则，遵循科学性与可行性相统一的要求。只有准确把握指标权重设定的内在规律，创新体现专业特色、彰显时代特征的评估方式，才能不断提高教学效果评估的质量，使其更好地服务于国际中文教育教学改革和人才培养计划。

二、教学效果评估工具的选择与应用

（一）选择标准

教学效果评估工具的选择与应用对于优化教学过程、提升教学质量至关重要。科学合理的评估工具不仅能够全面、客观地反映教学现状，更能为教学改进提供精准、有效的反馈。因此，在选择教学效果评估工具时，教师需要遵循一定的标准，以确保评估结果的有效性和可靠性。

评估目标的针对性是选择教学效果评估工具时首要考虑的内容。不同的教学情境和教学内容对应着不同的评估目标，因此教师需要根据具体的评估目标来选择恰当的工具。例如，评估目标是考查学生的知识掌握情况，那么客观题型，如选择题、填空题等就是较为合适的选择；如果评估目标是考查学生的能力水平，那么主观题型，如论述题、材料分析题等则更有针对性。只有选择与评估目标相匹配的工具，才能确保评估的有效性。

评估对象的特点是选择教学效果评估工具时需要考虑的重要因素。不同年龄、不同文化背景、不同学习基础的学生在认知发展水平、知识储备、学习风格等方面存在差异，教学效果评估工具的选择需要兼顾这些因素。同时，教学效果评估工具还应该为不同类型学生提供发展自我的空间，通过优化问题、设置开放性问题等方式，充分了解学生的学习情况。

信度和效度是衡量教学效果评估工具科学性的关键指标。信度反映了教学效果评估工具的一致性和稳定性，即多次评估结果的一致程度；效度反映了教学效果评估工具对教学目标的达成程度，即评估内容与教学内容的匹配程度。具有高信度和高效度的教学效果评估工具能够持续、准确地反映教与学的真实状态，用这样的教学效果评估工具得出的评估结果更具说服力。为保证教学效果评估工具的信效度，教师在选择时应优先考虑经过大规模测试验证的标准化工具。

评估的经济性是选择教学效果评估工具时需要权衡的现实因素。理想的教学效果评估工具在满足评估需求的同时，还应具备节约时间、精力、物力等资源的特点。大数据技术为教师提供了丰富的评估手段，许多在线评估系统能够自动阅卷、分析成绩、生成报告，大大减轻了教师的负担。但是，教师不可盲目依赖这些便捷工具，还是要从教学实际和学生需求出发，灵活选择最优的评估方式。

综上所述，教学效果评估工具的选择需要综合考虑评估目标、评估对象、信效度、经济性等多重标准。只有选对工具、用好工具，才能真正发挥工具的诊断、反馈、激励等功能，推动教与学的良性互动。这就要求教师在夯实评估理论基础的同时，不断更新评估手段，优化评估策略。

（二）应用策略

教学效果评估工具的应用是教学效果评估过程中至关重要的一环。教学效果评估工具是实施评估、收集数据的载体和手段，其科学性、可操作性直接影响着评估结果的有效性和可信度。因此，在制定教学效果评估策略时，必须高度重视工具的应用效果，确保其与评估目标、内容、对象相匹配，能够全面、客观地反映教学过程和结果。

选择合适的教学效果评估工具只是第一步，更为关键的是在教学实践中科学地运用这些工具。在研究具体应用策略时，要注重评估过程的系统性。评估不是孤立的环节，而应融入教学全过程。教师要在备课、授课、课后等各个环节，有计划、有目的地使用教学效果评估工具，持续跟踪和评估教学效果。评估的目的不仅在于"评"，更在于"改"，教师要深入分析评估数据，挖掘其中的规律和问题，并将评估结果及时反馈给学生，引导其调整学习策略，改进学习方法。此外，教师自身也要基于评估结果反思教学得失，优化教学设计，提升教学水平。

科学运用教学效果评估工具的前提是教师要具备一定的评估素养，评估素养包括评估意识、评估知识和评估能力等多个方面。具体来说，教师要树立以评估促进教学、以评估促进发展的意识，熟悉各类教学效果评估工具的特点、用途和实施要点，掌握评估数据分析的基本方法，具备根据评估结果改进教学的反思能力。为此，学校应加强教师评估素养的培训，引导教师学习评估理论，参与评估实践，提升运用评估工具的能力。

（三）效果评估

对教学效果评估工具的应用效果进行评估，是优化教学效果评估体系、提高教学质量的关键环节。教师合理运用多元化的教学效果评估工具，能够全面、客观地反映教学过程和结果，促进教学改革。但教学效果评估工具本身的科学性、有效性也需要得到验证，否则评估结果难以真实反映教学实际，甚至可能误导教学决策。

首先，要基于评估目的和内容，设计严谨的评估方案。评估方案应明确评估重点、评估指标和评估标准，合理选用定性与定量相结合的研究方法，全面收集师生、专家等相关方的意见建议。评估过程中，要坚持客观、公正的原则，控制评估偏差，确保评估数据的真实性。

其次，教学效果评估工具的信度、效度是评估其效果的核心指标。信度反映教学效果评估工具的一致性和稳定性，具体可采用重测信度、等值形式信度等评估方法。效度则反映教学效果评估工具的教学目标达成度，可采用内容效度、效标关联效度等评估方法。只有通过信效度检验的教学效果评估工具，其评估的结果才具有可信性和说服力。

再次，教学效果评估工具的适用性也是评估其效果时需要考虑的重要因素。不同学科专业、不同层次的教学有其特殊性，教学效果评估工具需要具有针对性和灵活性，能够适应不同教学情境的需求。同时，教学效果评估工具的使用成本、操作便捷性等也影响其推广应用的可行性，需要在实践中不断优化完善。

最后，评估结果的反馈运用是教学效果评估工具发挥效用的关键。评估结果应及时反馈给相关主体，在相关主体手中发挥作用，如帮助教师诊断教学问题，改进教学策略，引导学生调整学习方式，提高自主学习能力。学校管理者则可以根据评估结果优化教学资源配置，完善教学管理制度，推动教学质量的持续改进。

总的来说，系统开展教学效果评估工具效果评估，有利于建立科学、多元的教学效果评估体系。通过对教学效果评估工具的不断改进，教学效果评估体系能够精准评估教与学的过程与成效，激励教师成长，促进学生全面发展。这对于深化教育教学改革，提升人才培养质量具有重要意义。在教学效果评估工具日益丰富的趋势下，切实加强对其效果的研究，创新评估理念和方法，既是教学效果评估理论发展的必然要求，也是优化国际中文教育的重要路径。

三、学生学习反馈的收集与分析

（一）反馈收集方法

在大数据时代，收集和分析学生的学习反馈数据已经成为优化教学设计、改进教学方法的重要途径。针对国际中文智慧教育课程的特点，教师应采用多元化的反馈收集方法，全面、客观地了解学生的学习状况和需求，为教学决策提供可靠依据。

问卷调查是收集学生学习反馈的常用方法。教师可以根据教学内容和目标，设计覆盖知识掌握、能力提升、学习体验等方面内容的调查问卷，通过线上或线下的方式发放给学生，让学生填写。与传统的纸质问卷相比，在线问卷更加灵活便捷，学生可以随时随地通过移动设备完成填写，教师也能快速获得数据结果并对其进行分析。同时，在线问卷还支持多媒体元素的嵌入，增强了问卷的互动性和趣味性。

访谈是深入了解学生想法、收集个性化反馈的有效方式。教师可以采取个别访谈或小组访谈的形式，与学生面对面交流，提出有针对性的问题，引导学生表达真实想法。与问卷调查相比，访谈能够获得更加详尽、深入的质性数据，有助于教师发现学生学习过程中的困惑和需求。在访谈过程中，教师还可以通过观察学生的表情、语气等非语言信息，更深入地理解学生的真实想法。

学习日志和反思笔记是收集学生自我评估反馈的重要渠道。教师可以要求学生定期撰写学习日志或反思笔记，记录对课程内容的理解、学习过程中的感悟、面临的困难等，对教师教学提出意见。通过阅读和分析这些反馈材料，教师能够洞察学生的学习过程和思维方式，发现教学中存在的问题，并据此调整教学策略。学习日志和反思笔记还能促使学生养成自我反思的习惯，提高其自主学习能力。

在线讨论区是收集学生互动反馈的有力工具。教师可以在线上学习平台或社交媒体上建立课程讨论区，引导学生就课程内容展开讨论、交流心得体会。学生在讨论过程中产生的数据，如发帖量、回帖量、点赞量等，都能反映其参与度和互动情况。教师通过分析这些数据，能够掌握学生对课程的关注点和兴趣所在，优化教学内容设计。在线讨论还能提升学生的协作学习能力，增强学生的课程参与感和课堂归属感。

学习分析是大数据时代的创新型反馈收集方法。学习分析技术能够实时跟踪和记录学生在线学习行为数据，如学习时长、访问频率、资源点击量、作业完成情况等，客观呈现学生的学习状态和进步情况。基于学习分析结果，教师能够洞悉每位学生的个性化需求，为其提供有针对性的学习支持和指导。学习分析还能帮助教师及早发现学习困难学生，帮助其克服障碍，避免落后。

除上述方法外，教师还可以通过测验、作业、考试等形式性评价手段，收集学生对知识点掌握程度的反馈数据。将形成性评价与总结性评价相结合，全面记录学生的学习过程与结果。同时，教学反思日志、同行评估等也是教师获取教学反馈的重要途径。

总之，在大数据时代的国际中文智慧教育课程建设中，教师应根据学科特点和教学需求，灵活采用多种反馈收集方法，建立全方位、多角度、动态化的教学反馈机制。通过科学分析和挖掘海量反馈数据，教师能够准确把握学生学情，优化教学过程，改进教学策略，为提升国际中文教育教学质量、培养国际化人才提供强大助力。

（二）反馈数据分析

在大数据时代背景下，收集和分析学生学习反馈数据对于评估教学效果、改进教学质量至关重要。通过对海量的学生学习反馈数据的挖掘和分析，教师能够洞察学生的学习行为模式，了解其知识掌握程度和思维发展水平，从而有针对性地调整教学策略，为其提供个性化的学习支持。这不仅有利于提升教学的精准性和有效性，更能够激发学生的学习兴趣，帮助其实现自主学习和持续发展。

学生学习反馈数据的分析应遵循系统性、多维度、动态性的原则。首先，学生学习反馈数据来源广泛，涵盖了课堂互动、在线讨论、作业完成、测验成绩等多个维度。教师需要建立完善的数据收集机制，将分散的数据进行系统整合，构建起全面、立体的学习反馈数据库。其次，学生学习反馈数据蕴含着丰富的信息，单一维度的分析往往难以揭示学生学习的真实情况。教师应综合运用统计分析、文本挖掘、社会网络分析等多种方法，多角度、多层次地探究数据背后的规律和意义。最后，学生的学习是一个动态演进的过程，其反馈的数据也呈现出动态变化的特点。教师需要动态跟踪数据的变化趋势，及时发现学生学习过程中出现的问题，并适时调整教学方案，保证教学效果的持续优化。

在具体的数据分析实践中，教师可以重点关注以下几个方面。一是学习行为数据分析。通过分析学生的课堂签到、在线学习时长、资源点击量等数据，教师能够掌握学生的学习投入程度和学习进度，判断其学习状态和学习风格。二是学习成效数据分析。教师可以对学生的作业完成质量、测验成绩、互动表现等进行综合评估，准确把握学生的知识技能掌握情况，及时发现其学习困难和学习薄弱点。三是学习情感数据分析。教师可以利用自然语言处理技术，分析学生在讨论区、习题反馈等场景中的情感倾向，了解其学习体验和心理状态，进而营造积极良好的学习氛围。四是学习社交数据分析。教师可以运用社会网络分析法，了解学生在协作学习过程中的互动表现，培养其团队合作能力。

学生学习反馈数据分析所得到的结论需要与教学实践紧密结合，用于指导教学优化和改进。一方面，教师要基于数据分析结果，诊断教学过程中存在的不足，优化教学内容设计，创新教学组织形式，完善教学评价方案。另一方面，教师还应该针对不同学生的特点和需求，为其提供差异化的学习支持服务，如组织个性化的答疑辅导，推送个性化的学习资源，制订个性化的学习计划等。

总之，学生学习反馈数据分析已经成为大数据时代教育变革的重要手段。教师要树立数据意识，提升数据素养，深入挖掘学生学习反馈数据的价值，用数据驱动教学优化，用数据推动学生成长发展。这不仅是教育信息化发展的必然要求，更是教师适应时代发展、提升教学专业化水平的重要路径。

（三）反馈结果应用

海量的学生学习反馈数据为教师全面了解学情、精准施教提供了充足的信息支撑，但要想有效利用这些宝贵的数据资源，则需要教师具备一定的数据分析和应用能力。

在大数据驱动的国际中文智慧教育教学模式中，教师应善于从学生学习反馈数据中挖掘有价值的信息，用以解决教学中存在的问题，改进教学策略和方法。通过对学生课堂表现、作业完成情况、测验成绩等数据的综合分析，教师能够准确把握学生知识掌握的薄弱环节，有针对性地开展教学，提高课堂教学的针对性和实效性。例如，借助学情分析系统，教师可以清晰地看到每位学生在不同知识点上的得分情况，从而及时调整教学进度和难度，因材施教。

此外，学生学习反馈数据还可用来评估教学方法的适切性和有效性。通过对比不同教学方法下学生的学习效果数据，教师能够发现哪些教学方式更受学生欢迎，哪些教学活动能够有效提升学生学习兴趣。基于数据分析结果，教师可以优化教学设计，创新教学模式，不断提升教学质量。当然，教学效果的提升不是一蹴而就的，需要教师在实践中不断反思和改进。

学生学习反馈数据的应用还体现在学生个性化学习和教师精准教学上。利用大数据技术，教师可以为每位学生创设个性化的学习路径，满足学生差异化的学习需求。同时，教师还可根据学生的学习特点和认知风格，有针对性地开展教学辅导，提供个性化的学习支持，最大限度地发挥每位学生的学习潜能。这种因材施教的教学模式不仅能够提高学生的学习效率，而且能培养学生自主学习、独立思考的能力。

学生学习反馈数据的有效应用离不开教师数据素养的提升。教师要主动学习数据分析知识，掌握基于大数据技术的基本数据处理方法，提高运用数据指导教学实践的能力。同时，教师还要树立数据思维，善于从数据中发现问题，用数据说话、用数据思考、用数据决策。

总之，在大数据时代下，学生学习反馈数据犹如一座富矿，蕴藏着推动教学改革、提升教学质量的巨大潜力。教师应积极利用学情分析系统等大数据平台收集学生学习反馈数据，运用大数据技术分析学情，洞察教学问题，改进教学方法，为学生提供个性化、精准化的学习支持。唯有深度挖掘学生学习反馈数据的价值，不断优化数据驱动教学改革的方法，才能真正实现国际中文教育从经验主义向科学主义的转变，推动国际中文教育创新发展。

第六章　大数据驱动下国际中文教育的智慧化评估系统

本章主要介绍大数据驱动下国际中文教育的智慧化评估系统，包括智慧化评估系统的构建原则、评估指标体系设计、智能反馈与改进机制等内容。希望通过对上述内容的分析研究，推动国际中文教育教学方法不断优化，促进学生全面发展。

第一节　智慧化评估系统的构建原则

一、评估过程的透明性与可追溯性原则

（一）透明性原则的重要性与实现途径

透明性原则在智慧化评估系统中具有多重意义，是国际中文教育评估不可或缺的因素。

1. 重要性

（1）建立信任

透明性原则有助于建立信任。在国际中文教育领域，评估系统涉及教师、学生、教育机构及政策制定者等众多利益相关方，他们对评估结果的接受度和信任度直接关系到评估系统的有效性。当评估过程公开透明时，各方能够清楚地了解评估标准、数据来源、处理方法和结果生成的全过程，从而更加信任评估系统，而这种信任是评估系统得以顺利运行和发挥作用的基础。

（2）促进持续改进

透明性原则能够促使评估活动持续改进。通过公开评估过程，利益相关方可以更容易地发现评估的问题和不足，提出建设性意见。这些意见和建议对于评估系统的优化和完善具有重要意义。例如，在国际中文教育的评估过程中，如果发现某些评估标准过于笼统或不够具体，利益相关方可以及时反馈，促使评估标准更加细化和精准。同时，公开透明的评估过程还可以鼓励各利益相关方积极参与评估活动，形成良性互动和循环，促使评估系统不断完善。

（3）提高公信力

透明性原则能够提高评估结果的公信力。在国际中文教育领域，评估结果往往被当作政策制定、资源配置和教学质量提升的重要依据。如果评估过程缺乏透明度，利益相关方可能会对评估结果产生怀疑和不信任，从而影响评估结果在实际工作中的应用效果。相反，当评估过程公开透明时，评估结果将更具说服力和影响力，有助于推动相关政策的制定和实施，提升国际中文教育的整体质量。

2. 实现途径

在构建智慧化评估系统过程中坚持透明性原则，需要从多个方面入手。

（1）明确并公开发布评估标准

评估标准应涵盖评估对象的各个方面，从而确保评估的全面性和准确性。同时，评估标准应易于理解，便于利益相关方进行监督和评估。在国际中文教育的评估中，评估标准可以包括教学质量、学生学习成果、教师素质、教学资源等多个方面。这些标准应具体明确，能够量化或定性描述评估对象的实际情况。为了确保评估标准的公开透明，评估系统可以通过官方网站、社交媒体等渠道公开发布这些标准，并附上详细的解释说明。

（2）公开数据来源和处理方法

评估系统应详细记录数据收集、处理和分析的过程，确保数据的真实性和可靠性。在国际中文教育的评估中，数据来源可能包括学生的学习成绩、教师的教学反馈、教育机构的资源投入等多个方面。评估系统应明确说明这些数据是如何收集、如何处理及如何用于评估的。同时，评估系统还应提供数据质量的保障措施，如数据清洗、去重、异常值处理等，以确保数据的准确性和可靠性。

（3）公开展示评估结果

评估结果应通过适当的渠道和方式公开展示，接受各方的检验和质疑。在国际中文教育的评估中，评估结果包括得分、排名、分析报告等多种形式。评估系统应提供便捷的查询功能，使利益相关方能够随时了解评估结果。同时，评估系统还应建立反馈机制，鼓励利益相关方对评估结果提出意见，以便及时进行修正和改进。

（二）可追溯性原则的重要性与实现途径

1. 重要性

可追溯性原则不仅能确保评估过程的透明性与公正性，便于问题诊断与改进，支持持续优化与创新，还符合教育评估的国际标准与规范，可以保护学生数据隐私。以下是对其重要性的详细阐述。

（1）确保评估过程的透明性与公正性

可追溯性原则要求智慧化评估系统清晰地记录和追踪评估过程中的每一个环节，从数据收集、预处理、模型训练到输出评估结果，每一步都应有据可查。这种透明性对于国际中文教育而言尤为重要，因为它能够确保评估过程的公正性，避免人为干预或数据篡改导致的评估结果失真。同时，透明的评估过程也能增强学生、教师及教育机构对评估系统的信任感。

（2）便于问题诊断与改进

智慧化评估系统在运行过程中难免会遇到各种问题，如数据质量不高、模型性能下降等。可追溯性原则使系统能够迅速定位问题的根源，从而采取有效的措施进行修复和改进。例如，发现评估结果出现偏差，系统可以通过回溯评估过程，明确是数据预处理环节的问题还是模型训练过程中的问题，进而进行有针对性的调整和优化。这种能力对于提升评估系统的准确性和稳定性至关重要。

（3）支持持续优化与创新

随着国际中文教育的发展和技术的进步，智慧化评估系统也需要不断优化和创新以适应新的需求，而可追溯性原则为系统的持续优化和创新提供了有力支持。通过对评估过程的记录和追踪，系统开发者可以深入分析系统的运行状况和存在的问题，总结经验和教训，为系统的优化和创新提供参考。同时，可追溯性也有助于系统引入新的技术和方法，从而不断迭代升级。

（4）符合教育评估的国际标准与规范

在国际教育领域，评估系统的可追溯性通常被视为衡量其质量和可靠性的重要指标之一。符合国际标准和规范的评估系统往往具有更高的可信度和认可度。因此，在国际中文教育智慧化评估系统的构建中，遵循可追溯性原则有助于提升系统的国际竞争力，促进国际中文教育的发展。

（5）保护学生数据隐私

在智慧化评估系统中，学生数据隐私的保护是一个不可忽视的问题。可追溯性原则要求系统能够清晰地记录数据的来源、处理过程和去向，从而确保学生数据隐私的安全性。在发生数据泄露或滥用事件时，系统可以通过回溯数据流动路径，迅速定位问题并采取补救措施，最大限度地维护学生的隐私权。

2. 实现途径

在国际中文教育的智慧化评估系统中，实现可追溯性需要从以下几个方面入手。

（1）建立完善的数据记录和日志系统

智慧化评估系统应详细记录数据收集、处理、分析和结果生成的全过程，确保每一步操作都有据可查。这包括记录数据收集的时间、地点、方式等信息；记录数据处理过程中使用的算法、参数等信息；记录分析结果生成的过程和结果等信息。这些记录应保存在安全可靠的存储介质中，以便在需要时进行查阅和复核。在国际中文教育的评估环节中，数据记录和日志系统可以记录学生的学习轨迹、教师的教学活动、教育机构的资源投入等多个方面的信息。这些信息对于追溯评估过程、验证评估结果具有重要意义。

（2）采用先进的技术手段

随着信息技术的不断发展，越来越多的先进技术被应用于数据溯源和追溯领域。国际中文教育中的智慧化评估系统也可以考虑引入这些先进技术来支持可追溯性的实现。

①区块链技术：区块链技术因其去中心化、不可篡改的特性，在数据溯源和追溯方面具有显著优势。智慧化评估系统可以考虑引入区块链技术来记录和追踪评估过程中的关键信息。这样，即使在某些环节出现数据篡改或丢失的情况，也能够通过区块链上的记录进行追溯和验证。同时，区块链技术还可以提高数据的安全性和可信度，增强智慧化评估系统的公信力。

②大数据分析技术：大数据分析技术可以对海量数据进行深度挖掘和分析，发现数据之间的关联性和规律性。在国际中文教育的评估环节中，大数据分析技术可以被用来挖掘学生的学习行为、教师的教学风格、教育机构的资源配置等方面的信息，为评估提供更多的依据。同时，大数据分析技术还可以用于验证评估结果的准确性和可靠性，提高评估系统的可信度。

③人工智能技术：人工智能技术可以模拟人类的思维和决策过程，对复杂问题进行分析和判断。在国际中文教育的评估环节中，人工智能技术可以辅助评估专家进行决策和判断，提高评估的准确性和效率。同时，人工智能技术还可以用于数据自动化处理和数据分析，减轻人工负担并提高处理速度。这些技术手段的应用将有助于提升智慧化评估系统的可追溯性和智能化水平。

（3）建立严格的复核和验证机制

为了确保评估结果的准确性和可靠性，智慧化评估系统应建立严格的复核和验证机制。

①定期检查和验证关键环节：智慧化评估系统应定期对关键环节进行检查和验证，确保这些环节的操作符合规定和标准。例如，在数据收集环节，应检查数据收集的方式、时间和地点是否符合要求；在数据处理环节，应验证使用的算法和参数是否正确无误。通过定期检查和验证，智慧化评估系统可以及时发现和纠正问题，确保评估过程的顺利。

②建立多方参与的复核机制：智慧化评估系统应建立多方参与的复核机制，参与者包括评估专家、教育机构代表、学生代表等。这些参与者可以对评估过程进行监督和复核，提出意见和建议。通过多方参与的复核机制，智慧化评估系统可以确保评估结果的客观性和公正性，提高公信力。

③记录并公开复核结果：复核结果应详细记录并公开，以便各方了解复核的过程和结果。在国际中文教育的评估环节中，复核结果可以包括复核过程中发现的问题、改进建议及复核后的评估结果等信息。通过公开复核结果，评估系统的透明度和可信度会得到增强，获得各利益相关方的信任和支持。

（三）透明性与可追溯性原则的实施策略

1. 信息公开策略

信息公开是构建智慧化评估系统的重要基石。只有确保评估过程的透明度，让评估主体和评估对象充分了解评估的目的、内容、方式和结果，才能真正发挥评估的导向和激励作用。在大数据时代背景下，信息公开策略的制定需要充分考虑数据的特点和应用需求，既要保证信息的及时性、准确性和完整性，又要降低数据滥用和泄露的风险。

首先，智慧化评估系统应建立完善的信息公开制度，明确界定哪些信息需要公开，哪些信息需要保密。一般而言，评估的目的、内容、方式、标准等属于应当公开的信息，而涉及个人隐私、商业秘密等的敏感数据则应当予以保护。同时，信息公开的时间、渠道、方式也需要进行规范，确保评估相关方能够及时、准确地获取所需信息。

其次，大数据环境下的信息公开策略应更加注重数据的可视化呈现。海量的评估数据如果以原始形态呈现，不仅难以被理解和吸收，还可能造成信息过载和认知负担。因此，智慧化评估系统需要运用数据可视化技术，将复杂的数据转化为直观且易懂的图表、报告等形式，方便评估主体和评估对象快速把握关键信息，洞察评估结果背后的趋势和规律。

再次，面对大数据时代信息传播的复杂性和不确定性，智慧化评估系统还应制订应急预案，防范和化解可能出现的信息风险。一旦出现信息失真、泄露等情况，评估系统要第一时间启动应急预案，控制事态蔓延，消除不良影响。同时，要加强对评估数据的全生命周期管理，完善数据采集、存储、使用、销毁等各环节的安全保障措施，最大限度地降低数据风险。

最后，智慧化评估系统的信息公开不应局限于单向传播，而应加强互动交流。评估主体应积极听取评估对象的意见和建议，并对评优对象的合理诉求予以积极回应，通过良性互动，增进彼此了解，凝聚共识，形成合力。只有评估各方充分参与，形成常态化的信息交互机制，才能让评估真正成为促进教育改革、提升教学质量的有力抓手。

2. 评估记录管理

评估记录是评估过程中产生的各种文字、图表、音视频等资料的总和，是评估活动的真实再现和翔实记载。高质量的评估记录管理是确保评估过程透明、评估结果可信的关键。在国际中文教育的智慧化评估系统中，评估记录的电子化、结构化管理显得尤为重要。

建立统一规范的评估记录标准是实现评估记录科学管理的基础。评估记录标准应明确界定记录的内容、格式、编码、存储方式等，形成一套科学完备的评估记录元数据体系。记录内容要全面覆盖评估的各个环节，包括评估方案、评估实施过程、数据收集与分析、结果生成与应用等。记录格式要规范统一，便于系统化存储和检索；记录编码应具备语义性和唯一性，为跨系统交互提供便利；存储方式要兼顾安全性、可靠性和可访问性，宜采用云存储等先进技术手段。

流程化的评估记录管理有助于提升评估效率和质量，而标准化的元数据可以构建模块化的评估记录管理流程，实现评估记录从生成、审核、存档，到调阅、分析、利用的全流程无缝衔接。记录的生成和采集应嵌入评估实施的各个环节，做到及时、准确、完整。对记录的审核把关要制度化、常态化，建立多级审核机制，保证记录的规范性和可靠性。记录的存档应依据类别、时间等要素自动归档，提高存储的系统性和条理性。记录的调阅和利用要建立严格的权限管理和使用登记制度，确保使用的安全性和可追溯性。

数字化的评估记录管理是智慧化评估系统不可或缺的一部分。随着评估活动的常态化开展，评估记录数量激增，亟须建立数字化评估档案管理系统，以大数据思维和技术对评估记录进行沉淀提炼、关联分析、深度挖掘。通过系统归类整理，形成涵盖各类评估活动的数字档案库，并进行资源化描述，方便检索查询和调用。运用数据挖掘、知识图谱等技术，深度分析评估数据，发现隐藏的关联规律，形成可视化的评估大数据分析报告，为评估实践的优化完善、决策的科学制定提供坚实的数据支撑。

展示可视化的评估记录有助于评估结果的有效传播应用。针对不同利益相关方的特点和需求，开发定制化的评估报告展示系统，通过图表、雷达图、关系网络图等可视化的方式呈现评估结果，增强数据解读的直观性和互动性。面向社会公众，建立评估记录开放查询平台，除涉密信息外，所有评估结果都及时向公众开放，并设计交互式查询、留言反馈等功能，促进评估过程和结果的透明公开，自觉接受社会监督。

高质量的评估记录管理是智慧化评估系统建设的内在要求，也是提高评估公信力、促进评估结果全面应用的有效路径。只有进一步深化对评估记录管理的改革，建立科学规范的评估记录标准，优化评估记录管理流程，创新评估档案数字化管理模式，丰富评估结果可视化展现形式，才能充分发挥评估记录的基础性作用，推动评估活动持续健康发展。

3. 反馈机制设计

反馈机制是智慧化评估系统的重要组成部分，它不仅能够为评估系统提供有价值的信息，更能推动评估系统的持续优化和完善。在国际中文教育中，科学的反馈机制对于提升评估的针对性和有效性具有重要意义。

从功能层面来看，反馈机制主要包括信息收集、分析处理和应用改进三个环节。其中，信息收集是基础，主要涉及对评估过程、评估结果等方面的数据收集。随着大数据技术的发展，信息收集的渠道日益多元化，除了传统的问卷调查、访谈等方式，学习平台、社交媒体等也成了重要的信息收集渠道。通过多渠道收集数据，可以全面、动态地掌握智慧化评估系统运行的情况，为后续分析奠定基础。在分析处理环节，需要运用统计学、数据挖掘等方法，对收集到的海量数据进行清洗、整合和分析，挖掘其中隐藏的价值信息，形成有参考价值的分析报告。大数据分析能够揭示评估过程中出现的规律性问题，找出智慧化评估系统的不足，为改进措施的制定提供依据。在应用改进环节，要根据数据分析结果，有针对性地调整评估指标、优化评估流程、创新评估方法，不断提升评估的科学性和有效性。通过"评估—反馈—改进"的循环进行，智慧化评估系统可以实现持续进步和自我完善。

从内容层面来看，智慧化评估系统的反馈机制应该重点关注利益相关方的诉求。在国际中文教育中，利益相关方包括学生、教师、教学管理者等，他们对评估系统的期望和要求各不相同。例如，学生希望评估能够客观、公正地反映其真实的学习情况，帮助其明确学习目标、改进学习策略；教师期望评估能够全面考查学生的语言能力，为教学改进提供参考；教学管理者则希望评估能够助力教学质量的提升，为教学决策提供数据支撑。反馈机制的设计要充分考虑不同利益相关方的需求，兼顾评估的多元价值取向。具体来说，可以通过座谈会、个别访谈等方式广泛听取意见，了解不同主体对评估系统的期待和建议，并将其列为反馈内容的重要组成部分。

从方式层面来看，反馈机制的设计要注重交互性和时效性。评估不应该是一个封闭的过程，而应该是充满沟通和交流的过程。可以通过问卷调查、在线评论等方式，鼓励学生、教师等利益相关方参与到评估反馈中来，表达自己的看法和意见。同时，反馈的时效性也不容忽视。评估结果、分析报告等反馈内容要及时传递给利益相关方，让其能够在第一时间了解评估情况。可以利用移动终端、社交平台等媒介，构建便捷高效的反馈渠道，提升反馈的时效性，并扩大反馈信息的覆盖面。

从应用层面来看，反馈机制产生的数据和信息要真正转化为评估改进的动力。反馈不能流于形式，而要落实到评估实践的方方面面。对于学生而言，反馈要帮助其客观认识自身的优势和不足，制订具有针对性的学习计划，改进学习方法。对于教师而言，反馈要为其优化教学设计、改进教学策略提供参考，提升其个性化教学的能力。对于教学管理者而言，反馈则是优化资源配置、改进管理举措的重要依据。只有将反馈结果应用到评估改进的全过程中，才能真正发挥其对评估系统的优化作用。

总之，反馈机制是智慧化评估系统不可或缺的重要组成部分。设计科学的反馈机制，建立从信息收集到应用改进的完整闭环，对于提升国际中文教育评估的针对性和有效性具有重要意义。

二、多维度评估指标的综合性原则

在国际中文教育日益普及与深入的今天，构建一个高效、全面、科学的智慧化评估系统显得尤为重要。这一系统不仅要能够有效衡量学生的中文水平，还要能为教学提供反馈信息，促进教学方法的创新与优化。在众多构建原则中，多维度评估指标的综合性原则无疑占据了核心地位，它不仅是确保评估结果全面性和准确性的基石，也是推动国际中文教育智慧化发展的关键。

（一）多维度评估指标的内涵与重要性

1. 多维度评估指标的内涵

多维度评估指标，简而言之，是一种超越传统单一维度评估方法的综合性评估方法。它不再局限于对学生语言技能（听、说、读、写）的考察，而是将评估的视野拓宽至语言运用能力、跨文化交际能力、学习策略、情感态度等多个非语言要素，形成了一个全方位、多层次的评估体系。这种评估方式的出现，是对国际中文教育本质的深刻理解和回应。

在国际中文教育背景下，多维度评估的重要性尤为凸显。中文学习绝非单纯的语言知识积累，它更是一种文化的浸润、思维的转换和跨文化的交流。学生需要掌握的，不仅仅是汉字的书写方法、词汇的积累方法、语法的运用方法，更重要的是对中国文化的深入理解、对中文思维方式的把握，以及在经济全球化背景下运用中文进行有效沟通的能力。而多维度评估指标的引入正是为了更全面地衡量学生的中文水平，更准确地反映其综合语言能力和文化素养。

另外，多维度评估指标的综合性原则强调的是评估的全面性和整体性。它要求评估者在评估过程中，不仅要关注学生的语言技能水平，更要深入考察其在实际交流中的语言运用能力，以及在学习过程中的情感态度、学习策略等非语言要素。这样的评估方式，能够更真实地反映学生的中文学习状态，为教学提供更为准确、全面的反馈。

2. 多维度评估指标的重要性

首先，多维度评估指标能够更全面地反映学生的语言技能水平。传统的评估方式往往侧重于对学生语言知识的考察，如词汇量的多少、语法结构的掌握程度等。然而，语言技能并非仅仅由这些静态的知识构成的，它还包括了听、说、读、写等动态的知识运用能力。多维度评估指标通过设计一系列相互关联、互为补充的评估任务，如听力理解、口语表达、阅读理解、书面写作等，能够更全面地考查学生的语言技能水平，更准确地反映其在实际交流中的知识运用水平。

其次，多维度评估指标关注学生的语言运用能力。语言运用能力是指学生在实际交流中能够准确、流畅地运用中文进行各种表达的能力。这种能力并非仅仅依赖于语言知识的掌握，还需要学生具备相应的语境意识、交际策略和跨文化交际能力。多维度评估指标通过模拟真实交际场景，设计任务型评估活动，如角色扮演、情景对话、文化比较等，能够更有效地评估学生的语言运用能力，为其未来的跨文化交流打下坚实的基础。

最后，多维度评估指标重视学生学习策略的优化和情感态度的培养。学习策略是指学生在学习过程中采用的方法和技巧，它直接影响学生的学习效率和效果。情感态度则是指学生对中文学习的兴趣、动机和自信心，它关系到学生能否持续、积极地投入学习。多维度评估指标通过问卷调查、访谈、观察等多种方式，收集学生在学习过程中的学习策略使用情况和情感态度表现，为教学提供更为丰富、立体的反馈信息。教师可以根据这些信息，调整教学策略，激发学生的学习兴趣，培养其自主学习的能力，从而提高教学效果。

综合而言，在实际应用中，多维度评估指标的综合性原则需要得到充分的体现和落实。首先，评估者需要明确评估的目标和目的，根据学生的实际情况和需求，设计科学合理的评估指标和任务。其次，评估过程需要注重公平性和客观性，确保每个学生都能在相同的条件下接受评估，避免主观因素和偏见对评估结果的影响。最后，评估结果需要及时反馈给学生和教师，从而促进教学效果的提升和学生的全面发展。

（二）多维度评估指标的内容构成

1. 认知能力评估

在大数据驱动的国际中文教育的智慧化评估系统中，认知能力评估是一个至关重要的维度。认知能力反映了学生在中文知识的理解、记忆、应用等方面的表现，是衡量其语言学习效果的关键指标。因此，构建科学、系统的认知能力评估体系，对于全面评价学生的中文水平，改进教学方法，提升教学质量具有重要意义。

认知能力评估应该围绕学生语言学习的各个方面展开，包括语音、词汇、语法、语用能力等。在语音层面，评估的重点在于学生对普通话声母、韵母、声调的辨识和表达能力，以及语音连读、轻声等特点的掌握情况。词汇评估则要考查学生的词汇量、词义辨析能力，以及在具体语境中运用恰当词语的能力。语法评估不仅要测试学生对语法规则的掌握程度，还要评估其在实际交际中运用语法知识的能力。语用能力的评估则要着眼于学生在不同交际场合中运用语言的得体性，考查其对语言的文化内涵、言外之意的理解能力。

在设计认知能力评估内容时，应该遵循科学性、多样性、针对性、创新性等原则。评估内容要紧密结合国际中文教育的教学目标和教学内容，既要覆盖语言知识的方方面面，又要突出对学生实际语言运用能力的培养。同时，评估形式要丰富多样，不能拘泥于传统的笔试模式，可以采用听力测试、口语测试、情景模拟等多种方式，全面考查学生的语言运用能力。评估内容还应体现前沿性和创新性，紧跟国际中文教育研究的最新进展，不断吸收先进的评估理念和技术手段，提高评估的信度和效度。借助大数据技术，认知能力评估可以实现智能化、个性化、精准化。通过对海量学生学习数据的收集和分析，评估系统能够动态掌握每个学生的认知能力发展水平，绘制其能力发展曲线，进而为其提供个性化的学习资源和指导。评估数据的累积和挖掘还能够帮助教师发现教学中的薄弱环节，优化教学策略，因材施教。此外，大数据驱动的评估还能够突破时空限制，实现实时评估和反馈，大大提高评估的效率和便捷性。

认知能力评估绝非简单的分数测量，而应该注重对学生学习过程的评价和反思。评估不仅要关注学生的学习结果，更要关注其学习过程中表现出的思维品质、学习策略、问题解决能力等。过程性评估能够帮助学生及时发现并改进学习中的不足，调整学习方法，提高学习效率。同时，教师也能够透过过程性评估数据洞察学生的认知特点和发展需求，有针对性地开展教学策略诊断和改进活动。

认知能力评估是国际中文教育的智慧化评估系统中不可或缺的重要环节。它不仅是衡量学生语言能力的重要尺度，更是改进教学实践、提升教学质量的关键抓手。只有不断创新评估理念，革新评估技术，建立起科学、多元、动态的认知能力评估机制，才能真正实现国际中文教育的智慧化发展，提高学生的语言运用能力和跨文化交际能力。这既是国际中文教育事业发展的必然要求，也是构建人类命运共同体、促进各国人民心意相通的重要举措。

2. 情感因素评估

在大数据驱动的国际中文智慧教育教学课程建设中，情感因素评估是一个不可忽视的重要环节。学生在学习过程中的情感体验和态度倾向，直接影响着其学习动机、学习效果和综合素养的形成。因此，构建科学、多维度的情感评估指标体系，对于全面评价学生的中文学习状况、优化教学策略具有重要意义。

首先，情感因素评估应关注学生学习兴趣的培养和激发。浓厚的学习兴趣是学生积极投身学习的内在动力，也是维持其学习动机的关键因素。智慧化评估系统可以通过分析学生在课程中的参与度、专注度、问题提出频率等数据，客观评估其学习兴趣的高低。同时，教师还可以通过问卷调查、访谈等方式，深入了解学生对课程内容、教学方式的喜好程度，有针对性地调整教学策略，提升其学习兴趣。

其次，情感因素评估要重视学生自信心和自我效能感的建立。学生在中文学习过程中获得的成就感和自豪感，能够极大地增强其学习自信心和动力。教师可以通过有效的数据分析，及时掌握学生的学习进步情况，给予积极鼓励和反馈信息。并且，教师还可以设置阶段性的学习目标和任务，引导学生树立正确的自我认知，坚定"只要努力就能够学好中文"的信念。

最后，情感因素评估需要关注学生的焦虑水平和挫折承受能力。语言学习过程中难免会遇到各种困难和挑战，适度的焦虑有助于提高学习警觉，但过度焦虑则会影响学习效果。教师可以通过分析学生在遇到学习障碍时的情绪反应、求助频率、应对错误的方式等，及时发现学生所焦虑的问题，给予心理疏导和辅导。同时，教师应帮助学生正确认识和应对学习中的挫折，培养其坚韧不拔的意志品质和必胜的信心。

值得一提的是，在跨文化交际日益频繁的今天，国际中文教育还应注重学生文化认同感和跨文化交际能力的培养。教师可通过设置情景模拟、角色扮演等体验式教学活动，引导学生感悟中华文化的独特魅力，加深学生对中华文化的理解。同时，教师还应创设丰富的跨文化交流场景，提升学生在不同文化背景下的沟通、协作、处理冲突的能力，为其成长为具有全球视野的国际化人才奠定基础。大数据时代为国际中文教育过程中的情感因素评估提供了新的思路和方法。通过多维度、动态化的数据采集和分析，教师可以全面、及时地掌握学生的情感状态和发展需求，有针对性地开展教学干预和优化，促进其中文综合能力、跨文化交际素养的提升。构建科学的情感评估指标体系，充分发挥大数据的支持和引领作用，必将推动国际中文智慧课程建设再上新台阶。

3. 行为表现评估

在大数据时代，国际中文教育已然进入智慧化发展的新阶段。随着教育信息化发展进程的不断加快，传统的教学评估模式已难以满足新形势下人才培养的需求。因此，构建多维度、综合性的智慧化评估系统，成了提升国际中文教育质量、促进学生全面发展的关键举措。而在这一系统中，行为表现评估无疑扮演着至关重要的角色。

行为表现评估是智慧化评估体系的重要组成部分，它着眼于学生在语言学习和实践中的具体表现，全面考察其语言运用能力、跨文化交际能力、思辨创新能力等关键能力。与传统的笔试考核不同，行为表现评估更加注重对学生学习过程的动态分析，通过在真实情境下对学生的观察和记录等，多维度、多角度地评判学生的学习效果和发展潜力。这种评估方式不仅能够激发学生的学习兴趣，调动其主动性和创造性，更能为教师优化教学策略、改进教学方法提供可靠依据。

在具体实施过程中，行为表现评估应当遵循科学性、系统性、发展性的原则。首先，评估指标的设计要立足于国际中文教育的特点，紧扣学生语言能力、文化素养、思维品质等核心素质，既要全面覆盖，又要突出重点。其次，评估过程要充分利用大数据技术，通过智能化的信息采集、分析、处理技术，实现评估的精准化和个性化。最后，评估结果的运用要着眼于学生的可持续发展，不仅要诊断问题，更要提供改进策略，帮助其扬长避短、持续进步。

在行为表现评估中，学生的课堂参与、项目实践、社会实践等环节尤为重要。教师可通过设置开放性的学习任务，鼓励学生运用所学知识分析问题、解决问题，在实践中强化语言运用能力；通过开展丰富多彩的文化体验活动，引导学生感悟中华文化的独特魅力，提升跨文化交际意识和能力；通过组织探究性学习，培养学生批判性思维和创新精神，使其成为具有国际视野的复合型人才。

与此同时，行为表现评估的实施还需要政策制度的有力保障。一方面，高校应制订科学合理的评估方案，明确评估目标、内容、方式等，为教师开展评估工作提供制度依据。另一方面，教育主管部门应加强对智慧化评估系统的支持力度，在资金投入、平台建设、人才培养等方面给予必要保障，推动评估工作的规范化、常态化开展。

（三）多维度评估指标设计的特点

①全面性：多维度评估指标的设计应尽可能覆盖学生中文学习的所有重要方面，包括但不限于语言技能、文化知识、学习策略、情感态度等。针对每一个维度都应设计具体的、可操作的评估指标，以确保评估的全面性。

②科学性：评估指标的设计应基于语言学、教育学、心理学等相关学科的理论基础，确保评估的科学性和有效性。同时，评估指标应具有可测性，即能够通过具体的测试或观察进行量化或质性评价。

③层次性：多维度评估指标应体现不同层次学生的学习要求，既要有基础性的评估指标，也要有提高性和拓展性的评估指标。这样既能满足不同层次学生的需求，也能促进学生的持续发展。

④关联性：在多维度评估中，各个评估指标之间应相互关联、互为补充，共同构成一个完整的评估体系。同时，评估指标还应与教学目标、教学内容紧密相关，确保评估的有效性和针对性。

⑤动态性：多维度评估指标应根据学生的学习情况、教师的教学需求及社会环境的变化进行适时调整和优化。评估指标的设计应具有一定的灵活性和开放性，以适应不断变化的评估需求。

（四）多维度评估指标的应用策略

①分项评估与综合评估相结合：在评估过程中，既要对各个维度进行分项评估，以了解学生在各个方面的具体表现，也要进行综合评估，以全面反映学生的整体语言能力和文化素养。分项评估可以为综合评估提供数据支持，而综合评估则能更准确地反映学生的真实水平。

②量化评估与质性评估相结合：量化评估可以通过具体的分数或等级来量化学生的表现，具有客观性和可比较性；而质性评估则可以通过观察、描述、分析等方式来深入了解学生的学习过程和内心世界。将量化评估与质性评估相结合，可以更有效地评估学生的语言运用能力和文化素养。

③形成性评估与终结性评估相结合：形成性评估是在学生学习过程中进行的评估，旨在及时了解学生的学习情况，为教学提供反馈；而终结性评估则是在学生学习结束后进行的评估，旨在总结学生的学习成果。将形成性评估与终结性评估相结合，可以实现对学生学习过程的全程监控和全面评价。

④自评、互评与师评相结合：自评可以培养学生的自我反思能力和自主学习能力；互评可以促使学生相互学习和合作；而师评则可以为学生提供专业的指导

和反馈。将自评、互评与师评相结合，可以形成多元化的评估机制，提高评估的准确性和有效性。

（五）多维度评估指标的实施保障

①技术支持：多维度评估指标的有效实施离不开信息技术的支持。应充分利用大数据、人工智能等现代信息技术手段，实现评估数据的自动收集、分析和反馈。同时，还应建立完善的评估数据库和评估平台，为多维度评估指标的实施提供技术保障。

②师资培训：教师是评估工作的主要执行者。为确保多维度评估指标的有效实施，应加强对教师的培训和指导，使教师深入理解多维度评估指标的内涵和重要性，掌握评估方法和技巧，提高评估的准确性和有效性。

③政策支持：教育部门和相关机构应制定相关政策，明确多维度评估指标在国际中文教育中的地位和作用。同时，还应加强对评估工作的监管和对评估结果的运用，确保评估工作的规范性和有效性。

④社会参与：国际中文教育是一个涉及多方面的系统工程。为确保多维度评估指标的实施效果，应鼓励社会各界积极参与评估工作，通过家长、企业、社会组织等多方面的参与和反馈，不断完善评估体系，提高评估的准确性和公信力。

（六）多维度评估指标的综合性原则的实践意义

①实现教学方法的创新与优化：多维度评估指标的综合性原则要求评估者从多个角度评估学生的表现，这为教学方法的创新与优化提供了有力支持。教师可以通过评估结果了解学生在各个方面的优势和不足，从而有针对性地调整教学策略和方法，提高教学效果。

②激发学生的学习兴趣和动力：多维度评估指标的综合性原则强调评估的全面性和整体性，这使得学生在多个方面都能得到肯定和鼓励。这种全面的评价方式可以激发学生的学习兴趣和动力，促进其全面发展。

③提高评估结果的准确性和可靠性：多维度评估指标的综合性原则通过多个维度的评估指标来全面反映学生的学习表现，避免了单一指标导致的评估结果的片面性。这种评估方式可以提高评估结果的准确性和可靠性，为教学提供更为准确、全面的反馈。

④推动国际中文教育的智慧化发展：多维度评估指标的综合性原则是智慧化评估系统构建的关键所在。遵循多维度评估指标的综合性原则可以推动国际中文

教育的智慧化发展，提高评估的效率和效果，为国际中文教育的持续发展提供有力支持。

三、评估系统的可持续性与适应性原则

（一）可持续性原则的重要性与实现途径

在大数据驱动的国际中文教育智慧化评估系统构建中，可持续性原则是确保系统长期稳定运行、不断优化升级的关键。一个不可持续的智慧化评估系统，不仅无法满足国际中文教育日益增长的评估需求，还可能因为技术落后、资源枯竭等问题而被淘汰。因此，深入探讨可持续性原则的重要性，并探讨其实现途径，对于构建高效、稳定的智慧化评估系统具有重要意义。

1. 可持续性原则的重要性

（1）保障系统长期运行

可持续性原则要求系统在设计之初就考虑到长期运行的需求，包括技术架构的稳定性、资源获取的可持续性、系统的可维护性等。这有助于确保系统在面对技术迭代、资源波动等挑战时，能够保持稳定的运行状态。

（2）促进系统持续优化

可持续性原则还强调系统的持续优化和升级能力。随着大数据技术的不断发展和国际中文教育需求的不断变化，评估系统需要不断适应新的技术和教学需求。可持续性原则为系统的持续优化提供了保障和动力。

（3）提升系统价值

一个可持续的系统能够更好地满足用户需求，提升用户体验，从而增强系统的市场竞争力。同时，系统的可持续性也有助于提升国际中文教育的整体质量和水平。

2. 可持续性原则的实现途径

（1）技术架构的稳定性

系统应采用稳定可靠的技术架构，确保在面对高并发、大数据量等挑战时能够保持稳定运行。同时，系统应具备良好的扩展性和灵活性，以便在未来进行技术升级和功能扩展。

（2）资源获取的可持续性

系统的运行依赖大量的数据资源和计算资源。因此，需要建立稳定的数据收

集和存储机制，以及高效的计算平台。同时，还应积极寻求外部合作，利用云计算、大数据等技术，降低系统对内部资源的依赖。

（3）系统的可维护性

系统应具备良好的可维护性，具体包括代码的可读性、模块的可重用性、系统的可测试性等。这有助于降低系统的维护成本，提高系统的运行效率。

（4）持续的技术创新和升级

系统应紧跟大数据技术的发展趋势，不断进行技术创新和升级。例如，可以引入人工智能、机器学习等先进技术，提升系统的智能化水平；同时，还可以结合国际中文教育的实际需求，开发新的评估模型和方法。

（5）建立长期合作机制

系统的可持续发展离不开各利益相关方的支持。因此，各利益相关方之间需要建立长期合作机制，教育机构要与技术供应商、数据分析机构等建立紧密的合作关系，共同推动评估系统的持续优化和升级。

（二）适应性原则的重要性与实现途径

适应性原则是指智慧化评估系统应具备灵活应对不同环境和需求的能力。在国际中文教育领域，由于学生背景、学习目标和学习方法的多样性，智慧化评估系统必须能够根据不同情境进行调整和优化。因此，深入探讨适应性原则的重要性及其实现途径，对于构建高效、灵活的智慧化评估系统具有重要意义。

1.适应性原则的重要性

（1）满足不同学生的需求

国际中文教育的学生来自不同的国家和地区，具有不同的文化背景和学习需求。适应性原则要求智慧化评估系统能够根据不同学生的特点，为其提供个性化的评估方案和服务，以满足其多样化的学习需求。

（2）适应不同的教学目标

国际中文教育的教学目标包括语言能力的提升、文化知识的传播等多个方面。适应性原则要求智慧化评估系统根据不同的教学目标，灵活调整评估指标和评估方法，以确保评估结果的准确性和有效性。

（3）应对教学环境的变化

随着技术的不断发展和教育理念的更新，国际中文教育的教学环境也在不断变化。适应性原则要求智慧化评估系统能够迅速适应这些变化，及时调整和优化评估策略和方法，以确保评估系统的有效性和实用性。

2.适应性原则的实现途径

（1）模块化设计

系统应采用模块化设计思想，将不同功能组件分离成独立的模块。这样就可以根据实际需求进行灵活组合和调整，以适应不同的教学环境和评估需求。例如，可以根据不同的教学阶段和学生学习水平，选择相应的评估模块和评估指标。

（2）数据驱动的决策支持

系统应充分利用大数据技术，实时收集和分析教学过程中产生的数据信息。通过对数据的深入挖掘和分析，教师可以发现教学过程中的问题和需求变化，为系统的调整和优化提供科学依据。同时，还可以利用数据预测技术，提前预判教学环境和需求的变化趋势，为系统的未来规划提供指导。

（3）用户反馈机制

建立有效的用户反馈机制是提升系统适应性的重要途径。通过收集教师和学生的意见和建议，可以及时发现系统中存在的问题和不足之处，并采取相应的改进措施。同时，还可以根据用户的反馈需求，不断丰富和完善评估系统的功能和服务。

（4）跨平台兼容性

评估系统应具备跨平台兼容性，能够在不同的操作系统和设备上运行。这样就可以满足不同用户的使用习惯和需求，提高系统的普及率和使用率。同时，跨平台兼容性也有助于系统更好地适应不同的教学环境和技术条件。

（5）持续的技术创新和应用

随着技术的不断发展，新的评估技术和方法不断涌现。系统应紧跟技术发展趋势，积极引入新的技术和方法，以提升适应性和智能化水平。例如，可以引入自然语言处理、计算机视觉等先进技术，为用户提供更加精准和高效的评估服务。

（6）建立灵活的评估体系

评估体系是评估系统的核心组成部分。为了提升评估系统的适应性，需要建立灵活的评估体系，包括多元化的评估指标、多样化的评估方法和个性化的评估方案等。这样一来，系统可以根据不同的教学环境和需求变化，灵活调整评估体系的内容和结构，以确保评估结果的准确性和有效性。

综上所述，可持续性原则和适应性原则是大数据驱动下国际中文教育智慧化评估系统构建中不可或缺的两个原则。遵循这两个原则，可以确保智慧化评估系统在国际中文教育领域中长期、稳定且高效地发挥作用。

（三）可持续性原则与适应性原则的实施策略

1. 系统更新机制

智慧化评估系统的可持续性发展离不开系统更新机制。随着教育环境的不断变化和技术的日新月异，系统也需要与时俱进，通过定期更新来保持其先进性和实用性。这就要求系统设计者在构建之初就要考虑到系统未来的可扩展性，为后续的升级和改进预留足够的空间。具体而言，系统更新机制应包括以下几个方面。

首先，评估指标的动态调整。随着国际中文教育实践的深入推进，评估指标也需要不断优化和完善，以更准确地反映教学质量和学生学习效果。这就要求系统能够灵活地增删指标，调整指标权重，使其始终与教学实际相适应。

其次，数据采集与处理方法的迭代更新。在大数据时代，数据挖掘和分析技术日益精进，评估系统也应利用这些新技术提升数据处理的效率和精度，从海量的教学和学习数据中提炼出更有价值的洞见。

再次，评估模型和算法的持续优化。智慧化评估系统的核心在于建立科学的评估模型，运用先进的算法对教学质量进行全面评价。随着人工智能等前沿技术的发展，评估模型和算法也需要与时俱进，不断吸收最新的研究成果，提高评估的科学性和准确性。

最后，系统更新机制还应纳入用户反馈和专家评审等环节。一方面，要充分听取一线教师和学生的意见，根据他们的实际需求和使用体验对系统进行优化；另一方面，也要邀请相关领域的专家对系统进行评估和指导，以其专业视角发现系统的不足之处，提出改进建议。只有建立起多方参与、及时反馈、持续迭代的更新机制，才能确保系统长期保持活力，为教学质量的提升提供有力支撑。

总之，面向未来的智慧化评估系统必须具备完善的更新机制。这种机制应涵盖评估指标、数据处理、评估模型等各个层面，既要体现前瞻性和创新性，又要充分吸收用户反馈和专家意见。只有不断突破自身的局限，与时俱进地优化和升级，智慧化评估系统才能在瞬息万变的教育环境中保持长久的生命力，为国际中文教育的科学发展保驾护航。这既是智慧化评估系统可持续发展的必由之路，也是推动国际中文教育高质量发展的关键所在。

2. 环境适应能力

智慧化评估系统的构建需要充分考虑其环境适应能力，以确保系统能够在不断变化的教育环境中稳定、高效运行。大数据时代，国际中文教育面临着日新月异的技术变革和多样化的教学需求，这对智慧化评估系统提出了更高的适应性要求。

智慧化评估系统的环境适应能力主要体现在两个方面：一是对技术环境的适应，二是对教学环境的适应。在技术环境方面，智慧化评估系统需要与时俱进，积极采用先进的大数据分析、人工智能等技术，不断优化系统架构和算法模型，提升数据处理和分析效率。同时，系统还应具备一定的弹性和可扩展性，能够灵活应对数据量激增、并发访问量剧增等突发情况，确保系统的稳定运行。在教学环境方面，智慧化评估系统需要深入了解国际中文教育的特点和规律，紧密结合教学实践，动态调整评估指标和权重。不同国家和地区的学生在语言基础、文化背景、学习动机等方面存在较大差异，智慧化评估系统必须充分考虑这些差异，为其提供个性化的评估服务。此外，随着国际中文教育的不断发展，教学理念、教学模式、教学内容也在不断更新迭代，智慧化评估系统需要与时俱进，及时吸收先进的教学成果，完善评估体系，以适应不断变化的教学需求。

值得注意的是，要想提升智慧化评估系统的环境适应能力，在系统设计之初就应充分考虑适应性问题，并在系统运行过程中持续优化和改进。在系统设计阶段，应该对国际中文教育的现状和趋势进行广泛调研，深入分析各类教学场景和用户需求，合理设置系统功能和评估指标。同时，系统架构应该具有开放性和可扩展性，预留足够的接口和二次开发空间，为后续功能优化和技术升级提供便利。在系统运行阶段，需要建立完善的数据监测和反馈机制，实时掌握系统运行状态，及时发现和解决潜在问题；还要通过用户行为分析、教学效果评估等手段，深入挖掘数据价值，持续优化评估模型和算法，提升系统的智能化水平。同时，还应该与一线教师保持密切沟通，定期收集教学反馈，了解实际教学需求，并据此动态调整评估指标和权重，使评估结果更加客观、精准、全面。

总之，智慧化评估系统只有具备较强的环境适应能力，才能在复杂多变的国际中文教育环境中稳定运行，持续发挥作用。这需要系统设计者和运维人员树立适应性意识，坚持以用户为中心，以数据为驱动，不断优化系统功能和性能，提升系统智能化水平，为国际中文教育的评估工作提供有力支撑，助力国际中文教育事业的蓬勃发展。

3. 长期发展规划

智慧化评估系统的长期发展规划是确保其持续有效运行和不断优化的关键。从战略层面来看，制定长期发展规划需要深入分析国际中文教育的发展趋势，准确把握大数据时代评估系统建设的机遇和挑战。只有立足全局，放眼未来，才能为智慧化评估系统的建设指明方向，奠定坚实基础。

具体而言，智慧化评估系统的长期发展规划应包括以下几个方面。

第一，要建立完善的数据治理体系。评估大数据的采集、存储、分析和应用是智慧化评估系统的核心环节。因此，必须制定严格的数据标准和规范，确保数据的准确性、安全性和可用性。同时，要不断优化数据分析模型和算法，提高数据处理的效率和精度。只有数据治理到位，智慧化评估系统才能稳定运行，持续输出高质量的评估结果。

第二，要加强智慧化评估系统的技术升级和迭代。随着人工智能、大数据等技术的飞速发展，智慧化评估系统必须与时俱进，不断吸纳先进技术成果。这就要求开发者在长期发展规划中，重点布局前沿技术领域，加大研发投入，推动关键技术的突破和应用。同时，要建立灵活高效的技术迭代机制，及时淘汰落后的系统模块，实现评估系统的持续优化和升级。

第三，要注重智慧化评估系统的应用推广和成果转化。再先进的智慧化评估系统，如果不能在教学实践中得到广泛应用，也难以发挥其应有的价值。因此，长期发展规划要高度重视系统的应用推广，制定切实可行的实施路径和策略；要加强与各类教育机构的合作，开展示范应用和推广培训，提高一线教师运用智慧化评估系统的能力。同时，要加快评估成果的转化应用，对评估大数据进行深度挖掘，为教学诊断、学情分析、个性化学习等提供精准支持。只有实现了广泛应用和深度转化，智慧化评估系统的建设才能取得实效。

第四，要立足于开放融合的理念。智慧化评估系统的建设不应是一个封闭的过程，而应主动融入国际中文教育的生态圈；要积极吸纳国内外优秀的评估资源和工具，实现数据共享和系统对接；要发挥平台优势，广泛联合教育机构、科研院所、企业等各方力量，形成开放、协同、共享的建设格局；要加强国际交流合作，借鉴吸收国外先进评估理念和实践经验，提升自身的国际竞争力和影响力。唯有如此，智慧化评估系统才能拥有强大的生命力和发展动力。

第五，智慧化评估系统的长远发展还需要坚实的人才支撑和制度保障。要高度重视评估人才队伍建设，完善人才引进、培养、使用的全链条机制。要大力发展与智慧化评估相关的学科，加强高层次人才的培养和储备；要建立科学合理的评估管理制度和质量监控体系，健全标准规范，强化过程管理，确保评估工作规范有序、公平公正；要完善评估激励机制，调动各方参与评估、运用评估的积极性和创造性。只有人才队伍强大、制度机制完善，智慧化评估系统才能走得更远。

第二节　评估指标体系设计

一、评估指标体系设计的重要性

评估指标体系是评估工作的基础和依据，它决定了评估的内容、方法和标准。一个科学合理的评估指标体系，能够全面、准确地反映国际中文教育的实际情况，为教育决策提供有力的支持。

首先，科学合理的评估指标体系有助于提升评估的准确性和可靠性。通过明确评估的内容和标准，可以确保评估工作的一致性和可重复性，减少主观因素的影响，提高评估结果的可信度。例如，在教学资源维度中，通过设定具体的指标，如"教学资源种类""教学资源数量"等，评估者可以客观地评估教学资源，为教育资源的优化配置提供科学依据。

其次，评估指标体系的设计也会直接影响到评估工作的效率和效果。一个清晰、易操作的评估指标体系能够降低评估工作的难度和成本，提高评估工作的质量和效率。例如，在教学方法维度中，设定"教学方法多样性""教学方法创新性"等指标，引导教师采用多样化的教学手段和策略，可以提高教学效果和学生的学习兴趣。同时，这些指标也便于评估者对教学方法进行量化和比较，从而快速准确地发现问题，找到改进方向。

最后，评估指标体系的设计还关系到教育决策的科学性和有效性。通过构建科学合理的评估指标体系，可以为教育决策者提供全面、准确的信息支持，帮助他们更好地了解国际中文教育的现状和问题，制订更加科学合理的教育方案和发展规划。例如，在教学效果维度中，"语言能力提升""文化知识掌握"等指标可以客观地反映学生的学习成果和进步情况，为教育决策者调整教学策略和优化资源配置提供有力支持。

二、评估指标体系的设计框架

大数据驱动下国际中文教育的智慧化评估系统中的评估指标体系框架主要包括以下几个维度：教学资源维度、教学方法维度、教学效果维度、技术应用维度和教师发展维度。

（一）教学资源维度

教学资源是国际中文教育的基础和保障。在评估指标体系中，应重点关注教学资源的种类、数量、质量和更新频率。

1. 教学资源种类

评估教学资源的种类是否丰富、是否涵盖了听说读写等各个方面。丰富的教学资源种类可以满足不同学生的需求，提高其学习的趣味性和有效性。例如，除了传统的纸质教材外，还应包括音频、视频、在线课程等多种形式的资源。这些资源可以相互补充，形成多元化的学习生态系统。

2. 教学资源数量

评估教学资源的数量是否充足、是否能够满足不同学生的学习需求。充足的教学资源数量可以确保学生在学习过程中有足够的材料可供选择和使用。例如，在评估过程中可以统计各类教学资源的总量及每种资源的可用数量，以此来判断教学资源的充足性。

3. 教学资源质量

评估教学资源的质量是否高、是否具有权威性和可靠性。高质量的教学资源是提升学生学习效果的重要保障。在评估过程中可以关注教学资源的来源、编写者资质、内容准确性等方面。例如，可以邀请专家对教学资源进行评审打分，或者通过学生反馈来评估教学资源的质量。

4. 教学资源更新频率

评估教学资源的更新频率是否快、是否能够及时反映国际中文教育的最新发展。随着时代的进步和教育理念的不断更新，教学资源也需要不断更新和完善。在评估过程中可以关注教学资源的更新时间和更新内容等方面。例如，可以设定一个合理的更新周期（如每年或每学期），并检查在这个周期内是否有新的教学资源被添加或更新。

（二）教学方法维度

教学方法是影响教学效果的重要因素。在评估指标体系中，应重点关注教学方法的多样性、创新性、有效性和适应性。

1. 教学方法多样性

评估教学方法是否多样、是否采用了多种教学手段和策略。多样化的教学方法可以激发学生的学习兴趣和积极性，提高其学习效果。在评估过程中可以关注教师是否采用了讲授、讨论、案例分析、角色扮演等多种教学方法，并统计每种方法的使用频率和效果。

2. 教学方法创新性

评估教学方法是否创新、是否引入了新的教学理念和技术。创新的教学方法可以推动教育改革的深入发展，提升国际中文教育的整体水平。在评估过程中可以关注教师是否采用了翻转课堂、混合式学习、项目式学习等新型教学方法，并评估这些方法在实际应用中的效果和影响。

3. 教学方法有效性

评估教学方法是否有效、是否能够提高学生的学习效果和兴趣。有效的教学方法是实现教育目标的关键所在。在评估过程中可以通过对比实验组和对照组的学习成绩、学习兴趣等指标来评估教学方法的有效性。例如，可以选取一部分学生作为实验组，采用新型教学方法进行教学，选取另一部分学生作为对照组，采用传统教学方法进行教学，然后对比两组学生的学习成绩和兴趣变化情况。

4. 教学方法适应性

评估教学方法是否适应不同学生的特点和需求。适应性强的教学方法可以更好地满足不同学生的个性化需求，提高教学的针对性和有效性。在评估过程中可以关注教师是否能够根据学生的不同特点和需求调整教学方法和策略，并评估这些调整对学习效果的影响。例如，可以通过问卷调查或访谈等方式了解学生对教学方法的满意度和建议，并根据反馈结果进行调整和改进。

（三）教学效果维度

教学效果是评估国际中文教育成功与否的关键指标。在评估指标体系中，应重点关注学生的语言能力、文化知识、学习态度和学习满意度等方面。

1. 语言能力提升

评估学生在听说读写等方面的能力是否得到提升。语言能力的提升是国际中文教育的核心目标之一。在评估过程中可以通过测试、考试等方式来检测学习者的语言水平变化情况，并对比学习前后的成绩差异来评估教学效果。例如，可以定期组织听说读写测试或考试来检测学生的语言学习情况，并根据成绩数据对学生整体学习情况进行分析。

2. 文化知识掌握

评估学生对中华文化的了解程度和掌握情况。文化知识的掌握是国际中文教育的重要组成部分。在评估过程中可以通过问卷调查、访谈等方式来了解学生对中华文化的认知程度和理解深度，并评估教学效果。例如，可以设计一份包含中华文化的问题问卷让学生填写，并根据填写结果来评估他们对中华文化的了解情况。

3. 学习态度变化

评估学生的学习态度是否变得更加积极和主动。积极的学习态度是提高学习效果的重要保障。在评估过程中可以通过观察、访谈等方式来了解学生的学习态度变化情况，并评估教学效果。例如，可以通过学生在课堂上的参与度、课后作业的完成情况等方面来判断他们的学习态度是否变得更加积极和主动。

4. 学习满意度

评估学生对教学内容、教学方法和教学资源的满意度。学习满意度是衡量教学效果的重要指标之一。在评估过程中可以通过问卷调查等方式来了解学生对教学内容、教学方法和教学资源的满意度情况，并根据反馈结果来评估教学效果。例如，可以设计一份包含多个问题的满意度问卷让学生填写，并根据填写结果来评估他们对教学内容的满意度情况。

（四）技术应用维度

在大数据驱动下，技术应用成为国际中文教育智慧化发展的重要支撑。在评估指标体系中，应重点关注大数据、人工智能等技术在国际中文教育中的应用情况。

1. 技术应用的广度

评估大数据、人工智能等技术在国际中文教育中的应用范围是否广泛。广泛的应用范围可以推动技术的普及和深入发展。在评估过程中可以关注大数据、人工智能等技术在国际中文教育中的具体应用场景和案例数量等。例如，可以统计在多少个教学机构或平台中应用了大数据或人工智能技术，并列举一些典型的应用案例进行分析和讨论。

2. 技术应用的深度

评估大数据、人工智能等技术在国际中文教育中的应用程度是否深入。深入的应用程度可以充分发挥技术的优势和作用，提升教学效果并丰富学生的学习体验。在评估过程中可以关注大数据、人工智能等技术在国际中文教育中的具体应用方式和效果等。例如，可以分析大数据技术在学情分析、个性化推荐等方面的应用效果和优势所在；可以探讨人工智能技术在语音识别、自然语言处理等方面的应用潜力和挑战所在等。

3. 技术应用的效果

评估大数据、人工智能等技术在国际中文教育中的应用效果是否显著。显著的应用效果可以证明技术的有效性和可行性，为技术的进一步推广和应用提供有力支持。在评估过程中可以通过对比实验组和对照组的学习成绩、学习兴趣等指标来评估技术应用的效果。例如，可以选取一部分学生作为实验组，采用基于大数据或人工智能技术的教学方式进行教学，选取另一部分学生作为对照组，采用传统教学方式进行教学，然后对比两组学生的学习成绩和兴趣变化情况，从而评估技术应用的效果。

4. 技术应用的创新性

评估大数据、人工智能等技术在国际中文教育中的应用是否具有创新性。创新性的应用可以推动技术的不断发展和进步，为国际中文教育带来新的活力和机遇。在评估过程中可以关注大数据、人工智能等技术在国际中文教育中应用的创新点和应用前景等。例如，可以探讨如何利用大数据技术进行学情分析和个性化推荐等方面的创新应用；可以展望如何利用人工智能技术实现更加智能化、个性化的教学服务等。

（五）教师发展维度

教师是国际中文教育的关键力量。在评估指标体系中，应重点关注教师的专业发展、教学能力、信息素养和团队合作等维度的情况。

1. 教师专业发展

评估教师是否具备专业发展的意识和能力。持续学习是教师提升教学质量和水平的重要途径。在评估过程中可以关注教师是否参加了各类培训、研讨会等活动，以及他们的学习成果和反思情况。例如，可以根据教师参加各类培训、研讨会的次数和时间长度等指标来评估他们的专业发展情况；可以通过查看教师的学习笔记、反思报告等材料来了解他们的学习成果和反思情况。

2. 教师教学能力

评估教师的教学能力如何，是否能够有效地给学生传授知识并培养其多方面能力。强大的教学能力是教师完成教学任务和实现教育目标的重要保障。在评估过程中可以通过观察、听课等方式来了解教师的教学能力和水平，并评估他们的教学效果。例如，可以组织专家对教师的课堂教学进行观摩并评估他们的教学能力；可以通过收集学生的反馈意见来了解教师的教学成果和教学影响力。

3. 教师信息素养

评估教师的信息素养如何，是否能够熟练运用大数据、人工智能等技术进行教学和管理。高信息素养是教师适应信息化时代要求、提升教学质量和效率的重要条件。在评估过程中可以关注教师是否掌握了相关技术和工具的使用方法以及他们在实际教学中的应用情况等。例如，可以根据教师使用相关技术和工具的次数和时间长度等指标来评估他们的信息素养情况；可以通过查看教师在实际教学中应用相关技术和工具的情况来了解他们的应用能力和效果等。

4. 教师团队合作

评估教师之间的团队合作是否紧密、是否能共同推动国际中文教育的发展。紧密的团队合作是教师实现资源共享、优势互补和共同发展的重要保障。在评估过程中，可以关注教师之间的沟通交流情况、合作项目和成果等方面。例如，可以统计教师之间沟通交流的次数和时间长度，以此来评估他们的团队合作情况；可以通过查看教师合作项目和成果的数量和质量等来了解他们的合作能力和效果等。

第三节　智能反馈与改进机制

一、智能反馈机制

智能反馈机制可通过大数据分析和人工智能技术，对学生的学习过程进行实时监控和评估，并向学生提供个性化的学习反馈。这一机制的实现依赖于先进的数据采集、处理和分析技术，以及智能化的反馈生成算法。

（一）数据采集与处理

首先，数据采集的全面性和准确性是智能反馈的前提。在国际中文教学过程中，学生产生的数据具有多源异构的特点，既包括课堂互动、作业完成情况、测试成绩等结构化数据，也包括学习日志、讨论留言、语音对话等非结构化数据。如何将这些分散的、多样化的数据进行有效整合，是数据采集环节面临的主要挑战。为此，需要构建一个统一的数据采集平台，通过标准化的接口协议，对不同来源、不同格式的数据进行汇总和清洗，形成结构化的数据集。同时，还需要运用语言处理、语音识别等人工智能技术，对非结构化数据进行语义理解和特征提取，使其能够转化为可供分析的结构化数据。

其次，数据处理的科学性和系统性是智能反馈的关键。收集到的海量教学数据，如果缺乏合理的组织和挖掘，很难发挥其应有的价值。因此，需要运用大数据分析技术，对数据进行多维度、多层次的探索。一方面，要从时间维度上分析学生的学习轨迹，发现其知识掌握的规律和特点；另一方面，要从空间维度上比较不同学生之间的差异，发现影响学生学习效果的关键因素。并且，还要运用数据挖掘算法，如聚类、关联、预测等，发现数据背后隐藏的模式和趋势，通过系统性的数据分析，多角度、全方位地洞察学生的学习特点和需求，为个性化教学决策提供依据。

最后，数据应用的针对性和实效性是智能反馈的目标。数据分析的结果只有转化为具体的教学行动，才能真正发挥作用。因此，在数据处理的基础上，还需要开发智能化的反馈算法，根据学生的学习特点和知识掌握情况，自动生成个性化的学习建议和指导策略。例如，对于学习进度较慢的学生，系统可以推送具有针对性的复习资料和练习题；对于学习兴趣不高的学生，系统可以推荐与其学习特点相匹配的学习资源和互动活动。这种基于数据驱动的个性化反馈，既能提高教学的精准度，又能激发学生的学习动机，从而实现教学效果的持续优化。

（二）反馈算法及其优化

反馈算法是智能反馈机制的核心。它基于数据处理的结果，通过一定的算法和模型，生成个性化的学习反馈。这些反馈可以包括学生的学习进度、学习成果、学习难点等多个方面，旨在帮助学生更好地了解自己的学习情况，及时调整学习策略。

反馈算法的设计需要考虑多个因素，包括算法的准确性、实时性、个性化程度等。为了提高算法的准确性，可以采用先进的机器学习算法和模型，如神经网络、支持向量机等。同时，还需要对算法进行不断优化和迭代，保证其能适应不同学生的学习需求和特点。

反馈算法的优化情况直接决定了智慧化评估系统能否准确捕捉学生的学习状态，并给出有针对性的反馈和指导。一个高效、精准的反馈算法需要综合考虑多方面因素，如学生的知识基础、学习进度、认知特点等，以实现个性化、精准化的反馈。

从数据处理的角度来看，反馈算法优化要建立在收集海量学习数据的基础之上。智慧化评估系统能够通过收集学生在学习过程中产生的各类数据，如学习时长、学习行为、作业完成情况、测试成绩等，全面、动态地掌握学生的学习状况。在此基础上，反馈算法需要对这些异构和非结构化的数据进行清洗、整合、分析，提取出能够反映学生特点的关键指标，并构建起完整的学生画像。只有数据处理到位，后续的反馈算法优化才能更加顺利。

在算法模型选择方面，反馈算法优化可以借鉴机器学习、深度学习等人工智能技术的最新成果。传统的规则型反馈算法往往依赖于人工设定的反馈规则，泛化能力和适应性较差，而机器学习算法能够从海量数据中自动提取规律和模式，生成更加智能化的反馈策略。例如，基于协同过滤的推荐算法可以根据学生的历史行为和兴趣特点，推荐适合的学习资源和学习路径；基于强化学习的反馈算法可以通过不断试错和优化，自主制定最佳的个性化反馈策略。这些智能算法的应用，将极大提升反馈的精准度和实时性。

当然，反馈算法的优化绝非一蹴而就，它需要在实践中不断迭代和改进。一方面，随着学习数据的不断积累，反馈算法需要定期进行再训练和优化，以适应数据的变化趋势；另一方面，反馈算法的效果还需要通过教学实践来检验，根据学生的实际反馈和学习效果，对算法进行动态调整和修正。只有在理论研究和实践应用的双向互动中，反馈算法才能不断走向成熟和完善。

此外，反馈算法的优化还需要考虑学生的接受度和互动性。再精准的反馈，如果学生无法理解和接受，也难以发挥应有的效果。因此，反馈算法的设计应充分考虑学生的认知特点和接受习惯，以生动、友好的方式呈现反馈结果，引导学生积极思考和行动。同时，反馈算法优化的过程应是一个双向互动的过程，要鼓励学生对反馈结果进行评价和反馈，形成良性的闭环。

（三）反馈呈现方式

反馈呈现方式作为智慧化评估系统中至关重要的一环，其多样性和灵活性对于提升国际中文教育中学生的个性化学习效果具有不可估量的价值。在国际中文教育的广阔舞台上，学生来自不同的地区，拥有各异的学习习惯和偏好，因此，如何精准且有效地将个性化学习反馈呈现给他们，成了一个值得深入探讨的课题。

在智慧化评估系统中，反馈呈现方式不再局限于传统的文字描述，而是实现了多样化的突破。文字反馈，以其清晰、准确的表述，成为喜欢阅读、善于思考的学生的首选。文字反馈可以详细阐述学生在语法、词汇、阅读理解等方面的具体学习表现，帮助他们精准学习定位问题，明确改进方向。图表反馈以其直观、易懂的特性，深受那些喜欢通过数据对比来把握学习进度的学生的喜爱。图表反馈可以清晰展示学生的学习成绩变化趋势，以及与其他学生的各方面成绩对比情况，从而激发他们的竞争意识和学习动力。对于喜欢听觉刺激的学生，音频反馈无疑是一种极佳的选择。在国际中文教育中，音频反馈包含标准的中文发音示范、语音语调纠正等，可以帮助学生提高口语表达能力和听力理解能力。这种沉浸式的听觉体验，能够让学生在轻松愉快的氛围中提升中文水平。而视频反馈则以生动、形象的表现力，成了喜欢视觉刺激的学生的最爱。在国际中文教育中，视频反馈包含课堂教学实录、中文文化介绍、语言实践场景模拟等，能为学生提供全方位、多角度的学习体验。这种身临其境的学习方式，不仅能够激发学生的学习兴趣，还能够加深他们对中文文化的理解和认同。

通过多样化的反馈呈现方式，智慧化评估系统能够更好地满足国际中文教育中不同学生的学习需求，提高反馈的接受度和有效性。这种个性化的反馈机制，不仅有助于学生及时发现并纠正学习中的问题，更能激发学生的学习积极性和自信心。

二、反馈机制的持续改进

（一）反馈数据的收集与分析

反馈数据的收集与分析是智慧化评估系统持续改进的关键环节。在大数据时代，海量的学习过程数据为智慧化评估系统的优化提供了丰富的素材。通过对这些数据进行深入挖掘和分析，我们能够洞察学生的真实需求，发现教学实践中存在的问题，进而为反馈机制的改进提供精准、可靠的数据参考。

数据收集的首要任务是建立完善的数据收集机制。这需要评估系统与学习平台、教学管理系统等进行深度集成，实现数据的自动收集和实时更新。除了学生的基本信息，系统还应全面记录其学习行为数据，包括学习时长、学习进度、练习得分、互动情况等。同时，学生的反馈意见也是宝贵的数据来源。系统应为其提供便捷的反馈渠道，鼓励学生随时提出意见和建议。这些主客观数据的有机结合，能够为后续数据分析提供全面、立体的素材。

在数据分析阶段，要充分发挥大数据和人工智能技术的优势。系统能够通过对海量数据进行清洗、整合和挖掘，揭示学生的学习行为模式，辨识其学习困难和障碍。例如，通过对学生的答题情况进行聚类分析，系统可以发现其知识薄弱处；通过对学生学习路径进行序列分析，系统可以优化其学习资源的组织方式。这些洞见能够直接指导反馈机制的优化，使其更加精准、个性化。然而，纯粹依赖算法并不能完全把握学习情况的复杂性。数据分析还需要与教学实践紧密结合，注重教师和学生的主观感受。通过问卷调查、访谈等方式，可以获取对反馈效果的直接评价，了解学生的真实感受。这些定性分析能够弥补定量分析的不足，使反馈机制更加全面、人性化。

数据安全和隐私保护也是数据收集与分析中不容忽视的问题。系统应严格遵守相关法律法规，采取必要的技术和管理措施，确保学生数据的安全。同时，系统还应增强数据使用的透明度，向学生说明数据收集的目的和用途，尊重其个人意愿。只有在数据安全的基础上，数据分析才能真正发挥作用。

反馈数据的收集与分析是一个动态、持续的过程。随着教学实践的深入和技术的进步，数据的种类和规模都将不断扩大。这就要求系统具有持续学习和优化的能力，能够快速适应新的数据环境，不断改进数据分析模型和算法。

（二）反馈系统的动态调整

基于大数据技术的迅猛发展，智慧化评估系统在国际中文教育中的应用日益深入。反馈环节作为其中的关键环节，在提升教学效果、优化学生学习体验方面发挥着不可替代的作用。然而，面对复杂多变的教学场景和个性化的学习需求，如何实现反馈系统的持续优化和动态调整，已经成为亟待解决的现实问题。

构建一套科学、灵活的反馈动态调整机制，需要立足反馈数据的深度挖掘和多维分析。通过收集学生在反馈系统中产生的各类数据，如学习行为轨迹、知识掌握情况、情感态度变化等，教师可以全面了解学生的个性特征和发展需求。在此基础上，运用大数据分析技术，挖掘数据背后隐藏的关联规律和演变趋势，为智能反馈的动态调整提供决策依据。例如，通过对学生反馈意见的情感倾向性分析，教师可以及时发现智能反馈存在的问题和不足；通过对学生学习行为序列的时序分析，教师可以精准预测学生未来的学习路径和潜在困难。智能反馈系统可以依托这些数据分析结果，自主调整反馈策略、优化推送内容，实现因材施教、精准施策。

反馈系统的动态调整离不开人工智能技术的深度应用。借助机器学习算法，反馈系统可以不断从海量数据中学习和积累经验，自主完善知识图谱、优化推理规则。这使得系统能够根据学生的实时反馈，动态调整反馈的内容、形式、频率和难度，为每一位学生提供个性化、精细化的智能指导。同时，基于深度学习技术，智能反馈系统还可以建立起学生画像和知识点关联网络，实现跨场景、跨学科的知识关联和迁移。例如，当学生在某个知识点上遇到困难时，系统可以自动推荐与之关联度高的其他知识点，帮助学生融会贯通、触类旁通。这种动态关联和智能推荐，不仅能够拓宽学生的知识视野，更能激发其探索未知、挑战自我的学习动机。

持续反馈和迭代优化是反馈系统动态调整的关键路径。反馈系统需要完善的监测评估体系，以实时监控反馈效果，综合评估反馈质量。通过收集学习者对反馈内容的评价、对反馈形式的偏好、对反馈频率的感受等数据，系统可以客观评估当前反馈方案的有效性和适切性。在此基础上，系统可以通过遵循 PDCA（计划—执行—检查—处理）循环，有针对性地调整优化反馈策略，不断提升智能反馈的科学性和精准度。这种持续反馈、持续改进的动态调整机制，使得反馈系统能够在实践中不断自我革新、自我完善，为学生提供优质高效、与时俱进的智能服务。

在智能反馈动态调整中，教师群体的参与和引导不可忽视。作为教学的组织者和学生学习的引导者，教师可以依据自身的教学经验和教学反思，为反馈系统的动态调整提供专业意见和决策参考。例如，教师可以针对反馈内容的专业性、科学性进行评估，对反馈形式的趣味性、互动性提出优化建议。同时，面对反馈系统动态调整过程中可能出现的偏差和失误，教师还可以及时介入，予以必要的人工干预和纠正。这种师生协同、人机协同的动态调整模式，既发挥了智能技术的优势，又彰显了教育的人文底色，为智慧化评估系统的健康发展提供了重要保障。

反馈系统的动态调整是国际中文教育智慧化评估系统建设的重要内容。它以反馈数据的深度分析为基础，以人工智能技术的创新应用为支撑，以持续反馈和迭代优化为路径，构建起了一套自适应、可进化的智能反馈优化机制。

（三）用户体验的优化与提升

用户体验的优化与提升是智慧化评估系统持续发展的内在要求。在大数据驱动下的国际中文教育领域，反馈系统为教学评估注入了新的活力，但同时也对用户体验提出了更高的要求。只有不断优化用户界面设计，提升系统的易用性、友好性和人性化程度，才能真正发挥反馈系统的价值，为国际中文教育领域的学生提供高质量的个性化服务。

从界面设计的角度来看，优化用户体验需要遵循以人为本的理念。反馈系统虽然以大数据和算法为基础，但其服务对象是真实的学生群体。因此，界面设计应充分考虑用户的认知特点和使用习惯，力求简洁明了、操作便捷。例如，反馈信息的呈现应避免过于专业化的术语，而应采用通俗易懂的语言；页面布局应符合用户的阅读习惯，重要信息一目了然；交互方式应尽量贴近用户的日常操作，减少学习成本。只有让用户感到系统"好用"，才能调动其使用的积极性，发挥反馈机制的最大作用。

从系统功能的角度来看，优化用户体验需要增强反馈系统的智能化水平。传统的反馈方式往往是千篇一律的，难以满足学生个性化的学习需求。而反馈系统依托大数据技术，能够对海量学习数据进行深度挖掘和分析，从而生成具有针对性的反馈内容。但是，这一智能化程度还需要进一步提升。例如，系统可以通过自然语言处理技术，实现与学生的多轮对话交互，及时解答其学习中的疑惑；又如，系统可以利用知识图谱技术，根据学生的认知特点和学习需求，推送个性化的学习资源。这些功能的实现，能够大大增强用户的学习体验，提高其学习效率和效果。

从数据处理的角度来看，优化用户体验需要重视用户隐私保护。反馈系统在收集和分析学习数据的过程中，不可避免地会涉及用户的个人信息。如果这些信息被不当利用或泄露，将严重损害用户利益，影响其使用系统的信心。因此，在数据处理的各个环节，都要严格遵循数据安全和隐私保护的原则。例如，对收集的用户数据进行脱敏处理，避免其直接暴露个人身份；对数据的存储和访问进行严格的权限管控，防止非法侵入和窃取；在使用数据时，也要充分尊重用户的知情权和决定权，让其充分了解数据的用途，并自主选择是否允许使用。

总的来说，优化用户体验是一项复杂的系统工程，需要从界面设计、功能实现、数据处理等多个维度入手，统筹兼顾、协同推进。这需要教师、管理者与技术专家密切合作，充分了解用户需求，洞悉技术发展趋势，不断创新优化思路和方法。同时，还要建立完善的用户反馈机制，积极倾听用户的意见和建议，及时发现和解决系统存在的问题，做到与时俱进、持续改进。只有这样，智能反馈系统才能真正成为提升国际中文教育质量的利器，为构建人工智能时代的教育新生态贡献力量。

参考文献

［1］胡恬怡. 国际中文智慧教育视域下语言学习 APP 辅助教学研究［J］. 才智，2024（33）：135-138.

［2］杨辉，刘板，芦洁媛，等. 数智化背景下国际中文教育专业校企合作研究［J］. 嘉应学院学报，2024，42（5）：57-59.

［3］陈晓夏，杜玉生. 智慧教育时代国际中文教师的应对与转型：基于大语言模型应用的探讨［J］. 扬州大学学报（高教研究版），2024，28（5）：41-50.

［4］欧志刚，刘玉屏，覃可，等. 人工智能多模态教学资源的生成与评价：基于 AIGC 在国际中文教育的应用［J］. 现代教育技术，2024，34（9）：37-47.

［5］何彦霖. 多模态 AI 背景下国际中文教育的机遇与挑战［J］. 国际公关，2024（17）：155-157.

［6］欧志刚，王艺，刘玉屏. 人工智能与教育文献对国际中文教育研究的启示［J］. 辽宁师范大学学报（社会科学版），2024，47（4）：25-34.

［7］欧志刚，刘玉屏，郝佳昕，等. 国际视野下生成式人工智能政策解读：国际中文教育智慧发展行动方略构建［J］. 青海民族大学学报（社会科学版），2024，50（3）：181-189.

［8］姜国权，刘雪鸥. 国际中文智慧教育政策要求、发展优势、面临挑战与应对策略［J］. 语言政策与规划研究，2024（1）：97-108.

［9］祝带君. 智慧教育理念下国际中文线上线下融合教学模式构建研究［J］. 公关世界，2024（12）：101-103.

［10］马瑞祾，徐娟. 国际中文智慧教学模式的阐释、集成与创新［J］. 汉语国际教育学报，2023（1）：43-60.

［11］李明月. 智慧教育理念下国际中文线上线下融合教学模式构建探索［J］.

中国多媒体与网络教学学报（上旬刊），2023（5）：13-16.

［12］马宁. AI智慧教育背景下的国际中文汉字教学新路径［J］. 福建电脑，2022，38（12）：118-123.

［13］姜丽萍，王立. 智慧教育视域下中文学习平台的构建：特征、功能与实现路径［J］. 国际中文教育（中英文），2021，6（4）：91-99.

［14］马瑞棱，王新，徐娟. 国际中文"高级写作"智慧课程知识图谱设计［J］. 华文教学与研究，2024（1）：26-33.